La hija del guerrillero y la loca

LA HIJA DEL GUERRILLERO Y LA LOCA

SAIA VERGARA JAIME

Grijalbo

La hija del guerrillero y la loca
Memorias de la infancia, el exilio y la búsqueda de un lugar propio

Primera edición: enero, 2026

D. R. © 2026, Saia Vergara Jaime

D. R. © 2026, derechos de edición mundiales en lengua castellana:
Penguin Random House Grupo Editorial, S. A. de C. V.
Blvd. Miguel de Cervantes Saavedra núm. 301, 1er piso,
colonia Granada, alcaldía Miguel Hidalgo, C. P. 11520,
Ciudad de México

penguinlibros.com

ISBN: 978-607-386-839-6

Brindemos por las locas,

por las inadaptadas

por las rebeldes,

por las alborotadoras,

por las que no encajan,

por las que ven las cosas de una manera diferente,

no les gustan las reglas y no respetan el *statu quo*.

Las puedes citar,

no estar de acuerdo con ellas,

glorificarlas o vilipendiarlas.

Pero lo que no puedes hacer es ignorarlas.

Porque cambian las cosas.

Empujan adelante la humanidad.

Mientras algunos las vean como locas,

nosotros vemos el genio.

Porque las mujeres que se creen tan locas

como para pensar que pueden cambiar el mundo

son las que lo hacen.

JACK KEROUAC

Para quienes se duelen en silencio.
Y también para quienes
en medio del dolor y el sinsentido
se atreven a descender
a las profundidades de su ser
buscando encontrarse
sabiendo que,
quizá,
vuelvan a perderse.

Índice

1

Las casas, las mudanzas

Estoy sentada en la banqueta de la torre B, en la avenida Emiliano Zapata 392. Aquí vivo con mi mamá y con Jero, que es mi hermano mayor. Me sé la dirección porque mi mamá siempre la repite cuando nos subimos al taxi, y también se la dice a sus hermanas y a sus primas cuando nos llaman de Colombia. A ella le gusta escribir muchas cartas y grabar casets contándole al agüelo Tomi cómo se llaman nuestros amiguitos y lo que aprendimos en la escuela. También le dice a Jero que cante las canciones de Navidad pero él se demora mucho, entonces yo canto bien duro las de Parchís y las de Menudo mientras él empieza.

Arriba en el 404, que es nuestro departamento, ya no hay casi nada. Los vecinos se llevaron casi todo. Y tengo muchas ganas de llorar. Un día mi papá me contó que él se vino a México solito. En Colombia lo querían matar porque unos días ayudaba a los indígenas y a la gente pobre. Y a veces en las noches ponía pósters en la calle, y por eso lo metieron a la cárcel dos días cuando mi hermano era un bebecito y "los milicos mataron a Allende", que no sé quién es, pero él me dijo que ese día estaba muy bravo y muy triste. Eso era un secreto que nadie podía saber. En el día se iba a trabajar al Banco de la República porque era director y también abogado, igual que lo que yo quiero ser cuando sea grande. Eso significa que ganaba mucho dinero, y era muy inteligente y muy importante. Entonces, cuando llegó aquí a México solo tenía los "dólares" que le había dado mi abuelo cuando se despidieron en la Embajada de México. Y como no encontraba trabajo entonces sacaba fotocopias en la UNAM, que es la Universidad Nacional Autónoma de México. Como él siempre dice que "se siente solo" guardó en una alcancía el poquito dinero que le pagaban y compró un boleto de avión para que Jero se viniera a vivir con él al D. F. porque lo extrañaba mucho. Pero mi abuelo y mi abuela, que viven en Cartagena donde nació mi papá, estaban muy preocupados porque él ya no podía volver a Colombia y le dijeron que no iban a mandar a Jero hasta que él tuviera una casa y mi mamá y yo también viniéramos al D. F. Él se puso muy bravo porque todo ese dinero que había ahorrado ya no servía para nada y era como si sus papás lo hubieran botado a la basura. Eso me hace sentir triste. Yo no quiero que mi papá se enoje porque le puede dar otro "infarto", que es algo muy malo, y se puede morir. Y no quiero que mi papi se muera ni que le pase nada malo, como a sus amigos que "desaparecen" en Colombia y después su familia llora por ellos porque no los encuentran. Yo le escucho decir esas cosas y la piel se me pone chinita.

Como él quería que estuviéramos juntos en México, otra vez guardó dinero porque ahora tenía un trabajo de profesor como también yo quiero ser cuando sea grande, y compró unos muebles que no eran nuevos. Entonces "unos amigos izquierdosos", como dice mi mamá, o sea unas personas que no se peinan y les gusta leer libros, vivían en este departamento 404 pero se fueron y se lo dieron para que viviéramos aquí los tres y él pudiera visitarnos, porque ahora tiene otra casa y vive con otra mujer que se llama Guadalupe. A ella le decimos Guada de cariño. Yo no sé si es mi tía, aunque no, no es mi tía porque no es hermana de mi papi, pero él la quiere mucho y tienen una cama en el suelo donde duermen juntos.

Cuando mi papá se vino a México, mi mami, Jero y yo estábamos escondidos en una finca que se llamaba Cirenaica, en Chía, que es un pueblito cerca de Bogotá. Ahí nadie podía encontrarnos, solo mis abuelos, que nos mandaban dinero con los tíos. También teníamos conejos, gallinas y una "huerta", que es donde se entierran las semillas para que nazcan frutas y verduras, como las zanahorias que come Bogsboni. Pero luego mi mami nos tuvo que mandar a Cartagena en un avión de Avianca para que mis abuelos y mis tías nos cuidaran. Una vez el presidente de Colombia le dijo a mi abuelo que fuera gobernador, que son las personas que construyen calles y escuelas. Todo el mundo lo quería mucho porque él también ayudaba a los pobres, como mi papi. Mi abuela me contó que la gente hacía fila en su casa, como hacemos en el colegio antes de entrar al salón. Él se sentaba en la terraza con su secretaria y una máquina de escribir, y a todas esas personas les escribía cartas y llamaba a sus amigos para que les dieran trabajo. Pero a mi abuela eso no le gustaba porque le dañaban las plantas de su jardín. Después, mi abuelo tuvo otro trabajo, que era ser senador. Aunque no sé qué significa mi mamá dijo que eso era algo muy importante y por eso nada malo nos podía pasar en su casa. Jero era un niño muy precioso que tenía siete años. Yo, un año y ocho meses, y mis tías decían que parecía "una muñeca de verdad". Cuando mi mamá nos iba a subir al avión, la "azafata", que es una señora que le da de comer a la gente, dijo que no me podía cuidar porque era una bebé. Entonces un señor que iba para Cartagena le dijo a mi mamá que él podía llevarnos y entregarnos a mi abuela y, aunque no lo conocía, como ella siempre confía en que Dios nos protege como dice el Salmo 23, le dijo que sí, gracias. Mi mami estaba muy triste porque nos teníamos que "separar". Cuando escucho esa palabra siento que me duele la piel de los brazos, me arden mucho los ojos y me dan ganas de llorar. A mi mami se le había acabado el dinero que le dieron después de que mi papá se fue a México. Él y sus amigos hicieron una película de un río en Colombia que los gringos ensuciaban. Como no tenían dinero para terminarla, mi mamá le dio sus ahorros. Pero después de que la película fuera a muchos cines de Colombia, a mi mami le regresaron su dinero y otro poquito más. Pero se le acabó y también el que le dieron cuando vendió el Renó seis azul que teníamos. Por eso tenía que buscar un trabajo y no nos podía dejar solos porque éramos muy chiquitos y "era muy peligroso", eso quiere decir que te puede pasar algo muy malo.

Cuando nos mandó a Cartagena, mi abuela no sabía que yo iba con Jero. Como a mi mamá le gusta dar sorpresas solo le dijo que le mandaba un regalito, y era verdad porque ella siempre dice que yo soy el regalo que le pidió al Señor. En el aeropuerto nos recogió mi abuela con tía Ivana, que tiene un carro de los que salen en los pósters que Jero pega en su cuarto. Y también es muy "elegante", eso significa que habla suavecito, se pone ropa muy bonita y huele riquísimo, como mi mami. La tía Ivana tiene tres hijos y ninguna hija, por eso mi abuela le dijo que se quedara conmigo, pero ella no quiso porque después se encariñaba y no me iba a querer devolver a mi mamá y se iba a pelear con mi papá, que es su hermano, y a ella no le gusta pelear ni a mí tampoco. Mis abuelos nos cuidaron un año pero mi mamá solo nos llamó tres o cuatro veces, porque si nos escuchaba se ponía muy triste. Aunque yo no me acuerdo de eso, me dan muchas ganas de llorar cuando me cuenta esas cosas. Yo trato de aguantarme pero a veces se me salen las lágrimas. Ella siempre me dice "tranquila, ya pasó", pero estar sin mi mami es lo más horrible del mundo y por eso lloro, y también cuando me acuerdo de eso porque yo tengo "muy buena memoria", como dice mi abuelo, y por eso me saco muchos dieces en El Mago de Oz, que es el jardín de niños al que entré cuando llegamos al D. F. Entonces, mi mamá estaba en Bogotá, Jero y yo en Cartagena, y mi papá en México sacando fotocopias. Y cuando él encontró este departamento 404 llamó a mis abuelos y les dijo que nos compraran los pasajes de avión a los tres para que estuviéramos todos juntos aquí.

Me gusta vivir en este lugar. Hay nueve edificios con las letras del abecedario, que ya me sé, A-B-C-D-E-F-G-H-I, y un estacionamiento gigante en toda la mitad donde jugamos con nuestros amiguitos en las tardes, y también los domingos cuando regresamos de la iglesia. Siempre me pongo feliz cuando juego porque canto, me río mucho, corro y con mis amigas nos inventamos muchas cosas. Ellas se llaman Cindy y Lizzeth, y son hermanas, igual que Asia y África. Y José Antonio, que le decimos "el güero", y tiene los ojos azules. Me gusta mucho mirar los ojos de las personas, y más cuando tienen colores. Los azules y los verdes son los más bonitos porque se parecen a las canicas de Jero. Cuando veo al "güero" me da mucho calor y siento pena de hablarle o mirarlo, y los cachetes se me ponen más rojos. Mi mamá y mis tías me dicen "manzanita" porque siempre tengo "chapas", como les dicen en México a los cachetes colorados.

En el estacionamiento, Jero monta su bici y yo mi Triciclo salvaje, que me compraron mis papis en la tienda de la UNAM. Ya aprendí a patinar en la alfombra del 404. Lo malo es que cuando bajo al estacionamiento las ruedas de los patines van más rápido y, aunque "me esfuerzo por hacer equilibrio", como dice mi mami, a veces me caigo y lloro mucho porque el piso es bien duro, y cuando me raspo las rodillas me sale sangre. Rasparse duele mucho pero no tanto como cuando mi mamá me echa mertiolate, que es una medicina anaranjada para que "no se infecten las heridas", que no sé qué quiere decir. Ella dice que hay que aguantarse el dolor y ser valiente pero yo no puedo porque me arde mucho y por eso siempre que me caigo lloro mucho. Lo que más me duele es cuando tengo costras en las rodillas y otra vez me caigo, y se me arrancan, y otra vez me sale sangre, y otra vez me echan mertiolate. A mí me gusta mucho patinar y correr bien rápido con mis tenis rojos con blanco que me compró mi papi en Panam, que es una tienda llena de zapatos, porque siento el aire en la cara y me imagino que soy como un pájaro que vuela y vuela y se va bien lejos.

Con los amigos de Jero hacemos carreras de relevos, y con mis amigas saltamos la reata, que es una cuerda larga para brincar. Y pintamos en el suelo con gises o "tizas", como dice mi mamá, los números del avión y saltamos hasta llegar al diez sin pisar los bordes porque entonces le toca a otra niña. También corremos mucho cuando jugamos a las traes, a policías y ladrones y a las escondidas. El juego que más le gusta a mi mami es el quemado, aunque a mí no porque te pegan con una pelota y eso duele mucho. Los mejores son la víbora de la mar y amo ato matarileriteró porque cantamos y nos reímos, y a mí me gusta mucho cantar y reírme. A veces también hacemos pastelitos de tierra y nos subimos a los árboles pero hay que tener cuidado con los azotadores, que son unos gusanos negros con rojo muy "venenosos", eso significa que si te pican te puedes morir. Cuando los veo caminar siento calor en el estómago y la piel se me pone bien chinita, y se me salen unas poquitas lágrimas "de la impresión". Así dice mi mami.

Vivimos en Emiliano Zapata desde hace dos años o tres, que son muchos días, pero no sé bien cuántos porque solo sé contar hasta veinte en español y hasta diez en inglés. Pero Jero sabe contar hasta cien, y hacer sumas y restas, y también sabe escribir mi nombre perfectamente porque ya tiene diez años, y yo tengo cinco, y él siempre me cuida y me dice qué horas son o qué día es hoy. Mi mamá nos dijo que tenía que vender y regalar todos los muebles a los vecinos, y también la biblioteca gigante que nos compró mi abuela cuando vino de Cartagena a visitarnos, y "devolver el apartamento 404" porque nos íbamos para "la misión". Eso quiere decir que nos vamos a ir a otro lugar donde ella les va a hablar de Dios a las personas que están "desesperadas", o sea, enfermas, para que se curen. Pero yo el otro día la escuché decirle a alguien por teléfono que nos vamos de aquí porque "la dueña del departamento es una tirana" y ahora quiere más dinero y ella no puede pagarle porque, como "detesta" ser secretaria, "renunció a su trabajo". Eso significa que ya no se tiene que ir todos los días temprano y regresar tarde porque eso no le gusta. Un día no podía ir al jardín porque tenía gripa y ella se tenía que ir al trabajo, que se llama CEMLA y significa Centro de Estudios Monetarios Latinoamericanos. Entonces, como no estaba la vecina que a veces me cuida cuando me enfermo y me tienen que poner inyecciones, me dejó sola en el departamento. Y para que no estuviera triste me hizo plastilina con harina y agua para que jugara y me embarrara las manos mientras ella volvía. Cuando se fue lloré mucho porque me da miedo estar sola. Y si escucho ruidos me asusto más porque pueden aparecer los demonios que son muy malos, como dice en la Biblia. Después de llorar, me quedé dormida y ya no me acuerdo de nada hasta que ella regresó. Ahora ya no me tiene que dejar sola, lo malo es que ya no tenemos "plata", como dicen mis papás, que son colombianos. Yo creo que mi papá se va a poner muy bravo cuando venga a visitarnos y no estemos en el departamento. Mi mamá a veces hace cosas y no se las dice. Ellos pelean siempre que se ven, y cuando escucho los gritos de mi papá me da mucho miedo. Lo más triste es que él se va de la casa furioso y no regresa en mucho tiempo porque mi mamá "le hace coger rabia", como dice él. Yo lo extraño mucho y quiero que venga a verme cuando estoy enferma o triste. Pero "él siempre está ocupado". Eso dice mi mamá.

Aquí en la banqueta donde estamos sentados Jero y yo hay cinco maletas pero no veo mis muñecas ni mi Triciclo salvaje, ni mis patines ni mi teléfono de mentiritas con el que llamo al agüelo Tomi. Tampoco sé dónde está la estufita rosa con plateado, ni la licuadora, ni la máquina de coser roja que me regalaron mi papi y mi mami en Navidad, porque yo ya sé que Santaclós no existe y que es un "invento de los gringos". Eso dice mi papi, o sea que esa gente mala dice mentiras a los niños "para que les compren muchas cosas que no necesitan", pero eso es un secreto y no se lo puedo contar a mis amiguitas porque ellas creen que sí existe. A mí me gusta más que en Navidad mis papás nos lleven a la tienda de la UNAM para que escojamos los regalos que nos gustan, y luego los escondan por todo el departamento para que los vayamos encontrando, y nos digan "caliente-caliente-caliente" cuando estamos cerca, y "frío–frío–frío" cuando estamos lejos. Ese juego me da mucha risa y me dan ganas de darles muchos besos y abrazos a mis papitos y a Jero porque yo los quiero mucho y quiero que siempre estén felices. Tampoco veo la bolsa donde mi mamá guarda los dibujos que le hago. A mí me gusta dibujar en las paredes, en los muebles y en las hojas de los cuadernos. Por eso mi mami me pintó un pizarrón verde en la pared del 404, para que dibuje ahí nada más. Y entonces jugamos a que yo soy la maestra, y Jero y ella son los alumnos, y yo siempre les digo "todos silencio". Y les enseño las vocales y las letras de los edificios que me sé. También les cuento historias que me invento, porque a mí me encanta inventar historias, y ellos me ponen atención. Si no atienden los regaño, como la *miss* del jardín, solo que nos los pellizco ni les pego porque eso duele mucho. Yo pinto casas de dos pisos con ventanas, el sol y las nubes y les pongo una sonrisa bien grande, como la mía. También sé hacer un lago con patitos azules que parecen el número 2, y le pongo pasto, flores rojas, una banca para que los muñequitos se sienten, y muchos corazones. Siempre le doy esos dibujos a mi mami porque la quiero más que a todas las personas en el mundo. El otro día me puse muy brava con ella y agarré esa bolsa y le dije que la iba a botar a la basura. Entonces, ella me la quitó y me dijo que "cui-da-di-to" y me abrió bien grandes sus ojos, que son muy verdes y muy bonitos. Aunque estábamos peleando me gustó que ella no quería que yo botara los dibujos. Eso significa que me quiere mucho. Tampoco veo el osito panda que me compró mi papi en el Bosque de Chapultepec, ni la cobija blanca con el borde suavecito que siempre acaricio cuando me tomo en la cama el tetero de café con leche calientito que me hace mi mami. Aunque muchas personas le dicen que ya estoy grande y que no está bien que tome tetero, ella me deja porque le gusta "verme feliz" y yo soy feliz con mi tetero de café con leche bien dulcecito.

Tengo ganas de llorar porque ya no tenemos casa y no sé dónde están mis dibujos ni tampoco mis juguetes. Mi mamá casi todos los días dice que "hay que confiar en el Señor", que "Dios proveerá" y que "él se glorifica en medio de la dificultad". No sé qué significan todas esas palabras pero las repite tantas veces que cuando las dice yo también las digo porque ya me las sé de memoria. Ella se aburre de hacer siempre las mismas cosas porque es "una aventurera". También le gusta "cambiar" y "arriesgarse" y "dar pasos de fe", eso significa hacer cosas como regalar los muebles o no tener casa para que "el Señor se manifieste y haga milagros", que son cosas mágicas y así "la vida ya no es tan aburrida".

Mi mamá se parece a la Mujer Maravilla: es igual de alta y de bonita. Lo malo es que se demora dos o tres horas pintándose, vistiéndose y "poniéndose los rulos" en el pelo, como doña Florinda. No le gustan los pantalones, solo los vestidos y las faldas "de paño" porque son "muy femeninas", que no sé qué quiere decir, y los zapatos "de buena calidad" que estén "impecables", o sea, que duren mucho y que estén limpios. Siempre dice que "por los zapatos se conoce a la gente". Ella nunca tiene miedo, ni cuando apagamos la luz y no se ve nada. Le gusta ayudar a la gente y se pelea con las personas que hacen cosas malas. Cuando sea grande quiero ser como ella porque a mí me dan miedo los ruidos fuertes, no me gusta que me asusten y me dan ganas de llorar casi todo el tiempo, hasta cuando la maestra me dice Cielo, en vez de Cielito. Eso es porque "los artistas son muy sensibles", y yo soy artista, y aunque me llame Cielo Zabalegui Leal me gusta que me digan Cielito. También me da miedo acusar a alguien cuando hace cosas malas. Por eso no le había dicho a mi mami que la maestra de El Mago de Oz me hacía llorar porque me pellizcaba muy duro y me pegaba si ella escribía en el pizarrón las letras y los números, y cuando preguntaba yo me equivocaba. Un día se lo conté y se puso tan furiosa que fue al colegio y se peleó con la directora, y me sacó de ese jardín. Mi papá, sus amigas y el tío Jacobo, que es su hermano menor, se preocuparon y le dijeron que eso no estaba bien porque los niños tienen que ir a la escuela. Pero a mi mamá no le importa lo que le digan y siempre hace lo que quiere, por eso ahora ya no tenemos casa y tampoco voy al jardín. Ella dice que "no hay que escuchar a la gente que no tiene fe" y que "confíe", eso significa que no me preocupe, porque Dios siempre nos ayuda y "nunca nos desampara", o sea que no nos deja solos. Por eso, mientras el Señor hace un milagro para que aparezca una escuela y yo entre a primero de primaria, ella es mi profesora. Me enseña inglés cuando salimos juntas a "hacer diligencias", eso quiere decir agarrar el metro, el camión o la combi para ir a otros lugares como, por ejemplo, al consulado de Colombia, a la Sociedad Bíblica o a la cárcel. También me pone a hacer planas con las letras, leemos la Biblia, oramos, me aprendo versículos y lavamos la ropa en la "azotea", que es la parte de arriba del edificio donde a veces también jugamos a mojarnos con Jero y nuestros amiguitos. El otro día que estábamos allá arriba vimos en el edificio de enfrente a un hombre y una mujer encuerados que tenían las ventanas abiertas y estaban en el piso haciendo algo que no sé qué era. Jero me dijo que eso lo hacen los novios, entonces me preocupé mucho porque no quiero que los novios de mi mamá, como Alfredo y Mario le vayan a hacer eso tan feo. Jero y Pedro, su mejor amigo, pusieron mucha atención y nos dijeron a los más chiquitos que no hiciéramos ruido para que no nos descubrieran. Y luego gritamos todos juntos a la una, a las dos y a las tres "qué buen chou", que no sé qué significa, y nos escondimos otra vez para que no nos vieran. A mí me dieron ganas de llorar. No se lo conté a mi mami porque Jero me dijo que era un secreto y yo siempre le hago caso a mi hermano porque es el mayor y tengo que obedecerle, como dice el Señor. Cuando lavamos o barremos juntas, mi mami siempre dice que "las cosas de la casa deberían enseñarlas en el colegio" para que "no nos volvamos tan atenidos", eso quiere decir, para que no seamos flojos.

En la torre H vive Celina, que es su mejor amiga y su "hermana en la fe", o sea, que también "aceptó a Cristo en su corazón", eso quiere decir que antes estaba triste porque "su vida era desgraciada sin el Señor" pero ahora está contenta porque lee la Biblia y va a la iglesia. Celina nos invitó a vivir en un cuarto de su departamento mientras nos vamos a la misión. Yo creo que mi mamá y ella están felices de estar juntas porque así pueden hablar de Dios todo el tiempo. Ella tiene dos hijos pero vive sola porque "su marido y su suegra se los quitaron". Cuando lo dice, la voz se le escucha diferente y me dan ganas de llorar porque estar lejos de la mamá es muy triste. Aunque a veces su hijo menor, que tiene seis años y yo cinco, viene el sábado o el domingo, y jugamos juntos porque somos amigos. Como el departamento de Celina es chiquitito, en el cuarto no cabemos los tres. Por eso mi mamá llamó a mi papá y le dijo que ya no teníamos casa, y que Jero tenía que irse a vivir con él y con Guada "mientras tanto", que no sé cuánto tiempo es. Y también "porque está muy rebelde". Ni Jero ni mi mami le hacen caso a nadie y por eso mi papá "se desespera", que es algo malo porque se pone muy bravo. Yo creo que él no quiere llevarse a Jero y ahora estoy preocupada porque no sé dónde va a quedarse ni cuándo lo voy a volver a ver y tengo ganas de llorar porque lo voy a extrañar mucho. Cuando yo era bebé él me daba el tetero en Cartagena y me cuidaba. Y ahora también y, además, siempre jugamos juntos. Yo nunca le digo a nadie que me dan miedo las peleas y los gritos. Cuando los escucho me duele la garganta y a veces en las noches me "da fiebre" o "calentura", como dice Celina. Eso quiere decir que el cuerpo se me pone bien caliente y me da mucho frío y tiemblo, por eso quiero taparme con las cobijas pero mi mamá no me deja y me destapa, y a mí me da mucha rabia y lloro, y grito, y quiero que mi papi vengaaa. Entonces mi mami me da una medicina roja que se llama jarabe y que me gusta mucho. Un día en Cartagena, cuando yo tenía dos años y medio y Jero siete y medio, mi abuela me contó que me metí a su cuarto y les puse seguro a las dos puertas para que nadie entrara y empecé a tomarme el jarabe y las medicinas que tenía en su clóset. Entonces ella se desesperó porque me veía por la ventanita del balcón y me gritaba que no y que no me las tomara porque me podía morir pero yo no le hacía caso. Hasta que alguien encontró la llave y abrieron la puerta. Yo no me acuerdo de eso pero ella sí. Después de darme el jarabe, mi mami me pone un "termómetro", que es un palito de vidrio que tiene una rayita roja y otra negra, y números bien chiquitos. Si la rayita roja está más alta que la negra me pone unos trapos mojados en la frente. Cuando está casi hasta arriba es la peor parte porque me desviste y me mete a la regadera a bañarme con agua bien fría, y no le importa que yo grite y le diga que no quierooo, que tengo mucho fríooo y que quiero a mi papiii. Como yo grito y grito y grito cierra la regadera y me da vueltas en una toalla como si fuera una flauta de pollo. Después me pone mi mameluco de colores y me da un tetero con leche calientita y miel, y me abraza para que ya no llore. Me dice otra vez "tranquila que ya va a pasar", y cuando escucho su voz se me quitan las ganas de llorar, aunque casi no puedo respirar. Entonces le acaricio el pelo, cierro los ojos y me tomo el tetero hasta que me quedo dormida.

La casa de Celina es muy linda y todo está muy limpio, como a mí me gusta. Mi mami dice que cuando vivíamos en Colombia y aprendí a caminar "vivía lavándome las manos". A mí me encanta bañarme y oler rico siempre, y también abrir los cajones y las puertas de todos los muebles para ver qué hay adentro. Eso es porque soy una "exploradora", eso quiere decir que me gusta "descubrir" y aprender muchas cosas. En el comedor hay una "vitrina", que es un mueble alto con puerticas de vidrio donde guarda unas copas que le regaló su suegra "muy finas", o sea que nunca se pueden tocar porque cuestan mucho dinero. La mesa del comedor casi no cabe porque también hay otro mueble grandote al lado, que no sé cómo se llama, donde guarda los cubiertos, los vasos y los platos, y también el café, la leche en polvo, la pasta, el arroz y los frijoles. Yo le ayudo a Celina a quitarles las piedritas a los frijoles antes de que los meta en el agua para que al día siguiente se vuelvan más grandes. En la sala hay tres sillones que son blancos con café y naranja. Esos colores son muy bonitos. Ahí me siento con Mirelle, que es una niña de tres años muy linda y muy tierna que tiene los ojos azules y el pelo "güero". A veces nos dejan a las dos solas y yo la cuido porque ya voy a entrar a primero de primaria. Y para que crea que soy grande, como Jero, hago igualito que cuando estoy con los adultos, que a veces agarro la Biblia, la abro por la mitad y digo los versículos que me sé de memoria pero parece que ya sé leer de corridito. También regaño a Mirelle de mentiritas solo para que llore porque, entonces, la puedo abrazar, darle muchos besitos y decirle "tranquila, ya pasó". Y así deja de llorar. En la sala hay una mesa blanca con un hueco en la mitad y una planta de a de veras, enterrada. Y hay otro mueble grande donde está el tocadiscos y todos los discos de Juan Gabriel, El Puma, José José, Ana Gabriel y Rocío Dúrcal porque a Celina le gusta mucho cantar canciones de amor. Y no le gusta que le toquen sus cosas, menos sus discos porque "son muy delicados" y "se rayan solo con mirarlos", eso quiere decir que se pueden dañar cuando los tocas. Yo me fijo cuando ella los saca de la caja y luego les quita una bolsita transparente y los agarra por los bordes, los limpia con una cosa suavecita, los pone en el tocadiscos con mucho cuidado, sopla la aguja, la suelta despacito y entonces empieza a sonar música. Parece magia. Eso lo hacen nada más los adultos. El otro día me asusté mucho porque de repente Celina empezó a romper todos sus discos, y mi mamá y ella estaban orando y "reprendiendo a los demonios" que había en esa música que no es de Dios, eso significa que estaban diciéndoles al diablo y a "los espíritus malos que traen celos, contiendas y envidias", que se fueran de la casa. Eso no sé explicarlo. A mí me da mucho susto que hablen de esas cosas pero mi mamá siempre me dice que "no nos quedó más que ser dos mujeres valientes" y que "si tengo a Dios en mi corazón" y me porto bien nunca me va a pasar nada malo. Valiente quiere decir hacer las cosas aunque tengas miedo. Eso es bien difícil.

Me gusta vivir con Celina porque nos reímos mucho, comemos rico y algunas noches jugamos a las cartas hasta la una o dos de la mañana. Es más divertido cuando Jero viene a visitarnos y se queda a dormir con nosotras. Celina nos enseñó a jugar continental y siete loco, y a revolver las cartas doblándolas como si fueran una casita que se va cayendo despacito. Yo trato de hacerlo pero las cartas son muy grandes y casi no puedo agarrarlas porque tengo las manos chiquitas. Pero lo repito muchas veces hasta que ya casi puedo revolverlas así. Celina es muy inteligente y casi siempre gana pero yo pongo mucha atención y a veces también gano. Ella es muy graciosa y se ríe con unas carcajadas que se escuchan hasta abajo del edificio. A mi mamá no le gusta que las mujeres se rían así porque dice que se ven muy "vulgares", que no sé qué es, pero a mí se me pega la risa y también me "carcajeo" igual que ella. A veces, cuando ya estoy acostada en la cama con mi mami, me da "el ataque de las diez de la noche", y empiezo a reírme y a reírme muy fuerte, y entonces me dice "Cielito, vas a despertar a todo el edificio". Pero no sé cómo dejar de reírme. Luego me da mucho sueño y me quedo dormida. A mí me encanta dormir, carcajearme, cantar, jugar con mis amigas, comer cosas ricas y estar con mi mami y con Jero.

Aunque quiero mucho a Celina, a veces también me asusta porque es "muy estricta", eso quiere decir que hay que hacer todo "perfecto". Mi mami dice que así era la abuela Aurora, su mamá. A Celina tampoco le gusta el desorden y a mí no me gusta que me regañen. Por eso siempre hago lo que me dicen aunque me cueste trabajo. El otro día hice una travesura, pero solo una. Cuando Celina se fue me metí en su cuarto, que es bien oscuro y da miedo porque siempre está con las cortinas cerradas. Prendí la luz y abrí los cajones de su "tocador", que es un mueble donde las mujeres se maquillan, se peinan y se ponen perfume con un frasquito que tiene un tubito y una bolita que se aprieta. Celina tiene muchos maquillajes y cremas, y como a mí me encantan los olores y los colores, y también me gusta tocarlos, abrí todo lo que había ahí, hasta las cajitas donde estaban las pulseras y los aretes, y luego dejé todo en su lugar para que no se diera cuenta. Pero cuando regresó y entró a su cuarto, se puso furiosa y me regañó porque le había tocado sus cosas. Lloré mucho y le prometí que nunca más lo iba a volver a hacer. Y como mi mami me enseñó que "si prometes algo debes cumplirlo", nunca voy a volver a hacer ninguna travesura.

A mi mamá le encanta lo nuevo y "lo diferente". Por eso todo el tiempo cambia de trabajo y de casa. Dice que es muy aburrido "ir siempre por la misma ruta, caminar por las mismas calles, usar el mismo uniforme y tener la misma maestra". La abuela Aurora nunca la dejó cambiar de colegio y por eso le tocó "aguantarse" muchos años "a las monjas suizas alemanas", que eran muy regañonas y "no la dejaban ser libre". Y como mi mamá no quiere que me pase lo mismo, todos los años me cambia de colegio y siempre dice "¡que viva la libertad!", y levanta los brazos como si tuviera alas de mariposa. Ella nos deja escoger la ropa que nos ponemos, aunque no combine, y comer la comida que se nos antoje. Y si me quiero quedar a dormir un día o dos o tres en la casa de mis amiguitas siempre me da permiso.

Ahora Jero y yo vamos juntos a un colegio que se llama el Instituto Juárez. Él va a sexto de primaria y yo a primero. Y aunque no vivimos juntos, siempre me cuida y me defiende en los recreos cuando me molestan por ser colombiana y gordita. Lo malo es que cuando se termine el año, Jero va a pasar a primero de secundaria, que está en el edificio de enfrente, y yo me voy a quedar solita en la primaria. Lo voy a extrañar mucho porque siempre quiero estar con él. Para que podamos vivir los tres otra vez le pedimos al Señor que hiciera un milagro porque mi mamá no tiene dinero ni trabajo para pagar una casa. Y como tuvimos fe, Dios lo hizo. Un día, un compañero de Jero le dijo que su papá tenía un departamento que nos podían "prestar por ocho meses". Queda en un lugar que se llama Santa Úrsula Coapa, cerca del Estadio Azteca. Ese es un "barrio popular", como dice mi mamá. Eso significa que es un lugar donde viven las personas que tienen poquito dinero. Por eso se van a trabajar tan temprano que todavía es de noche y regresan bien tarde, o sea que casi nunca ven a sus hijos. Eso es muy triste. Este departamento no tiene puertas en los cuartos y es todo gris, los pisos, las paredes, y la cocina, que es chiquita, igual que el baño. Y hace mucho frío. Tampoco hay agua caliente. Pero como mi mamá nunca se preocupa por nada se fue a la tlapalería, que es un lugar donde venden muchas cosas para construir casas, y compró un "calentador", que es una piedra blanca con un cable que se conecta a la pared. Esa piedra se mete en una cubeta llena de agua, y cuentas como hasta cincuenta y se calienta. Entonces agarras una jícara, que en colombiano se dice "totuma", y te puedes bañar con agua caliente.

A mí me gustan mucho los inventos, como el calentador, y también las "manualidades" que enseñan en la tele como, por ejemplo, el micrófono de mentiritas. Agarro el rollo de papel de baño, le pego una bola de unicel, que en colombiano se dice "icopor", lo pinto de café o de negro y lo dejo secar. Luego lo uso para cantar las canciones de Lucerito y me imagino que soy una artista como ella. También le pedí a mi mami que cuando tenga dinero me compre el juego de química, de Juguetes Mi Alegría, porque se pueden hacer cincuenta y seis experimentos con los polvos de colores que vienen en unos tubitos, y cuando los mezclas sale humo y se "forman cristales". Así dice el comercial. Cuando sea grande quiero ser inventora, igual que la persona que inventó esa piedra que calienta el agua, o como Maguiver, que es un señor que ayuda a todo el mundo, y usa piedras, palos, masquinteip, alambres y cualquier cosa para "solucionar problemas", pero no los de matemáticas que le ponen de tarea a Jero y que son bien difíciles, sino los que a veces le pasan como, por ejemplo, quedarse encerrado, que lo persigan y eso. Me gusta Maguiver porque cuando inventa algo para escaparse nunca dispara ni lastima a nadie. En cambio Rambo y Termineitor, que son unas películas que le encantan a mi hermano, sí usan pistolas y se dan golpes hasta que les sale sangre. Eso me da mucho miedo.

Como ahora estamos otra vez los tres juntos nos sentimos felices. Mi mamá nos compró una litera, que es una cama de dos pisos, y unos "azulejos" para ponerle al baño y que se vea bonito. Y pasó otro milagro. El otro día le dieron dinero de Parás Ulibarri, que es una oficina de abogados donde también era secretaria pero la "despidieron", o sea que le dijeron que no podía volver porque defendió a una compañera a la que estaban molestando. Esa historia me pone triste porque defender a alguien es bueno, como cuando Jero les dice a los niños del colegio que me dicen cosas feas, que se metan con uno de su tamaño, y ya no me vuelven a molestar. Pero mi mamá siempre está contenta y dice que no le importa que la "boten" porque "hizo lo que era justo", eso quiere decir que se portó bien, aunque ya no tenga trabajo. Ella es muy valiente y cuando sea grande quiero ser como ella, aunque eso ya lo dije. Aunque ahora estamos otra vez juntos Jero "ya es un adolescente" de trece años, eso significa que ya casi no quiere jugar conmigo, porque yo tengo ocho y, además, soy niña, por eso a veces le da pena estar conmigo. Ahora me molesta mucho. Yo creo que ya no me quiere tanto como yo lo quiero a él. Mi mamá dice que es porque "está en la edad de la caca de gato", eso significa que se volvió un poco malo, y es verdad. A veces me quita el dinero que me da mi mami para que yo juegue a las maquinitas o me compre un helado. Luego dice que él no me lo quitó y se lo gasta aunque yo me ponga a llorar. Eso está muy mal porque yo a él no le quito nada y le comparto mis cosas, pero a él no le importa decir mentiras ni agarrar mi dinero, ni hacerme rabiar, y eso que a él siempre le dan más que a mí porque es hombre y es el mayor. Tampoco obedece y, cuando hace cosas que no están bien, me dice que no se lo cuente a nadie.

Mi papá a veces le presta a mi mamá el vocho, que es un carrito rojo chiquito y viejito bien lindo que "se vara", o sea que se daña en la mitad de la calle y hay que bajarse y empujarlo entre todos. En las mañanas, mi mami le dice a Jero que lo prenda para que "se vaya calentando", que no sé qué significa, mientras terminamos de alistarnos para irnos al colegio. Pero Jero se va a dar una o dos vueltas sin pedir permiso y sin que nadie se dé cuenta. Y, a veces, también hace eso en las tardes porque a él le gustan mucho los carros, y como mi papá le enseñó a mover la palanquita de "primera-segunda-tercera", dice que ya sabe manejar. Además de hacer esas travesuras, Jero muchas veces me hace llorar, por eso mi mamá se pone brava con él. Y aunque "le da rejo por mortificar a la niña", eso quiere decir que le pega con un cinturón, a veces también me pega a mí porque una hermana de la iglesia le dijo que "hay que corregir a los dos hijos y no solo a uno". Cuando mi mamá me pega sin que yo haya hecho nada malo, me acuerdo de esa hermana y me imagino que le parto la cabeza con un hacha. Y también me imagino que se la parto a Jero porque, por su culpa, mi mamá me pega y me arde la piel, como cuando me raspo las rodillas, y me asusto mucho cuando la veo tan brava. Otras veces, cuando mi mamá no está en la casa, Jero y yo le escondemos el cinturón y así, cuando nos va a pegar, no lo encuentra y nos da tiempo de escondernos hasta que se le pasa la rabia. Pero otras veces se enoja más cuando lo encuentra y le pega más a Jero que a mí, y entonces también lloro por él porque no quiero que nadie lastime a mi hermano ni que esté triste aunque me haga cosas malas. Eso no me gusta de mi mamá pero así le enseñaron en la iglesia. Mi papá se pone furioso con ella cuando le contamos que nos dio rejo porque él nunca nos pega y dice que nunca lo va a hacer, aunque cuando se pone bravo grita muy duro y también me asusta mucho y me dan ganas de llorar.

Las calles de Santa Úrsula son de tierra y hay ratas que se meten en las casas, como la que salió por el inodoro el otro día.

Como a mi mamá le dio impresión, le dijo a Jero que le ayudara. Entonces, él no abrió la tapa en muchas horas y la rata se murió ahogada. Pobrecita. Yo no la vi porque eso fue de noche y ya estaba dormida, pero me puse a llorar cuando mi mami me lo contó en la mañana porque yo sé que a los animales les duele que los lastimen, igual que a las personas. Y esa rata no tenía nadie que la defendiera.

Como no tenemos amigos en esta colonia, nos inventamos muchos juegos con mi mami. Y con Jero vemos la tele, que es viejita y la gente sale en blanco y negro. Eso me choca porque a mí me encantan los colores, por eso me gusta más la de mi papá y Guada, y también porque, como tiene control, no hay que levantarse a cambiar los canales, como en la nuestra. Algunas veces no se ve bien, entonces hay que pegarle duro en la parte de atrás. Si no funciona, Jero se sube por la pared de afuera y llega al techo. Yo me quedo abajo enfrente de la tele. Él mueve la antena y grita "¿yaaa?", y yo grito "nooo", porque todavía no se ve nada. Entonces él sigue moviéndola hasta que se arregla, entonces grito "¡yaaa!", y él se baja, y seguimos viendo nuestros programas favoritos juntos.

Lo que más me gusta de vivir en Santa Úrsula es que al lado del mercado hay una heladería donde venden paletas de muchos sabores. Cuando mi mamá nos da dinero vamos allá. Tú escoges el sabor y luego la meten en chocolate derretido, la sacan mojadita y rápido le ponen chococrispis, cacahuate o coco porque cuando se enfría la muerdes y el chocolate está durito. A mí me gusta mucho la comida rica, y también adivinar los sabores y los olores. También ver a las "marchantas", que son unas señoras gorditas que se ponen un "mandil", mi mami le dice "delantal", y venden comida deliciosa. Como en Colombia no hay marchantas, ni tacos, ni quesadillas, mi mamá les contó a sus hermanas que esas señoras ponen una mesa en la calle con cajitas de plástico que tienen diferentes sabores, como flor de calabaza, pollo o carne desmenuzada, papa, queso Oaxaca, que me encanta comérmelo en tiritas, o huitlacoche, que me da ganas de vomitar porque es un hongo negro que le sale al elote, sabe a tierra y huele horrible. Al lado de la mesa hay unos "comales" grandotes bien calientes. Para hacer las tortillas primero agarran un poquito de masa amarilla o morada, hacen una bolita que parece de plastilina y que me dan muchas ganas de tocar. Luego la ponen adentro de un plástico y ese plástico adentro de una cosa plateada que la aplasta. Se llama tortillera. Cuando la abren aparece la bolita aplastada con forma de tortilla. Le quitan el plástico y la ponen bien suavecito en el comal. Después le dan la vuelta con las manos pero no se queman. No sé cómo hacen eso porque mi mami y yo a veces compramos un polvo que sirve para hacer tortillas en la casa, que se llama Maseca, le ponemos caldo Maggi con agua para que sepan saladitas, y ella les da la vuelta con un tenedor porque, si no, se quema. Pero las marchantas no y además lo hacen bien rápido. Te preguntan que de qué quieres tu quesadilla. Yo siempre pido dos, una de queso y otra de papa, como el Chavo del 8 que también le gustan esas, pero él dice "no hay de queso, nomás de papa". Mi mami cambia de sabor cada vez porque a ella le gusta "la variedad". Jero pide los tacos de carne desmenuzada y cochinita pibil, y siempre quiere todos los que nos alcancen porque parece un "barril sin fondo", eso quiere decir que come mucho y no engorda, en cambio yo sí. Las marchantas también hacen sopes, memelas, tostadas, tlacoyos, gorditas y más cosas deliciosas que tampoco hay en Colombia. Mi mamá dice que yo soy gordita porque "disfruto mucho" la comida y me engordo con los olores.

Nos gusta vivir en Santa Úrsula, pero queda muy lejos del colegio, y todas las mañanas salimos muy temprano cuando parece que es de noche aunque ya es de día. Mi mamá casi nunca le pide el vocho a mi papá, por eso un vecino nos lleva en su camioneta y ella le paga cuando tiene dinero. Como ya casi tenemos que devolver el departamento y se terminan las clases, le pedimos al Señor otro milagro para que nos ayude a encontrar una nueva casa, una nueva escuela y un nuevo trabajo para mi mamá, porque ya casi no tenemos plata, como dicen en Colombia. Mi papá y Guada ahora tienen un hijito nuevo, que se llama Saulo. Ya sé que ella no es mi tía sino su "compañera". Y como ella también es profesora en la UNAM, le ayudó para que le dieran más trabajo, así que a veces le alcanza el dinero para pagarnos el colegio y llevarnos frutas y verduras que compra en la Central de Abasto, porque "son más baratas que en el súper".

Con mi mami vamos a una nueva iglesia y por eso Dios hizo el milagro que le pedimos. Conocimos a Henry, que es hijo de un inglés, y a Estrella, que es su esposa. Tienen tres hijos y dos pastores alemanes. Yo me sé las razas de perros porque a Jero le encantan los animales y, cuando ve un perro en la calle, me dice cómo se llama. Por ejemplo, pastorcoli y coquerespaniel. Están los chiguagua y los frenchpudel, que no me gustan porque son chiquitos y ladran mucho. Henry es un señor muy guapo y se pone mucho perfume. Tiene un Granmarquís, que es un carro con asientos grises muy suavecitos que huele muy rico. Y se parece a Kit, "el carro fantástico" porque habla. El otro día Henry llevó a mi mamá a trabajar en su oficina donde hace juegos de geografía con los que aprendí bien fácil los países y las capitales de Europa y de América. También hace revistas de viajes y mapas, como los que usan mi papá y Guada cuando nos vamos de vacaciones. Estrellita, como le decimos de cariño porque es muy linda y cariñosa, es bien elegante. A veces nos invita a la alberca de su club y a su casota en la colonia San Ángel, que es donde vive la gente rica, como mis abuelos y mis tíos de Colombia que también tienen casas bien grandes y bonitas, carros de diferentes colores y van al Club Cartagena. En cambio nosotros casi nunca tenemos dinero, ni casa y a veces no podemos pagar el colegio, y a mí eso me preocupa. Mi mamá me contó que cuando "el ejército allanó nuestra casa en Bogotá" y a mi papá le tocó venirse a México, ella tuvo que regalar casi todo, los libros, los muebles y más cosas, que no sé qué eran, porque teníamos que estar escondidos para que no nos hicieran nada malo. Aunque yo le pregunto que qué cosas malas, ella nunca me explica, "para que no me impresione porque eso no lo deben saber los niños", dice. Luego de todo eso nos quedamos sin casa y sin nada, y ahora somos pobres. Además, aquí en México no tenemos a nuestra familia de verdá-verdá para que nos ayude. Aunque mi mamá siempre dice que tenemos "hermanos en la fe" y que "el Señor mueve sus corazones" y nos ayudan, como Estrellita. Cuando vamos a su casa juego con sus dos hijas, Carlota y Micaela, que son bien guapas y no les importa que yo tenga ocho años y ellas dieciséis y diecisiete. Las dos dicen que Jero es su novio. Él tiene trece y le gustan las dos. Estrellita le dijo a mi mamá que podemos vivir seis meses sin pagar nada en un departamento sin muebles que tiene en la calle Pirineos 239, cerca del Parque de los Venados, a donde me llevaba a jugar mi mamá cuando vivíamos donde Celina. Yo quiero mucho a Estrellita porque ya casi es mi cumpleaños y el de Jero, y ahora podemos estar otra vez juntos. Es el mejor regalo de todos.

En Pirineos solo tenemos un "colchón matrimonial" en el que duermo con mi mamá y la litera de Santa Úrsula, que es toda para Jero porque ahora quiere dormir solo. En este departamento todo es bien bonito y hay puertas en todas partes. Tiene una cocina bien grande con un horno donde mi mamá hace berenjenas y pastel de chocolate con harina, cocoa, azúcar, aceite, agua y una puntica de Royal. Yo sé los ingredientes porque algunas veces le ayudo a hacerlo. Y también tiene un jardín, dos cuartos y dos baños con tina y regadera. Como no podemos comprar muebles, siempre que vamos al mercado veo los guacales donde está la fruta y me imagino que adentro les pongo mucho algodón y luego, encima, una tela bien bonita y los forro, igual que mi mami hace con los libros del colegio. Así podríamos hacer una sala chiquita para invitar a mis amiguitas del colegio a que vengan a jugar a la casa, porque si no hay muebles no pueden venir. Este departamento es nuevecito y por eso huele tan rico. Como aquí tampoco tenemos amigos ni televisión, porque la viejita que teníamos se dañó, para no aburrirnos los tres jugamos a muchas cosas, por ejemplo, a mímica, que es decir cosas moviendo las manos y el cuerpo, y los demás tienen que adivinar qué es pero no puedes hablar. También llamamos a teléfonos que nos inventamos y hacemos bromas. Jero a veces me graba cuando me carcajeo, y luego escuchamos las grabaciones y nos reímos más. Mi mamá dice que eso se llama "diversión barata".

Mi mamá me metió a la escuela pública que queda cerca, eso quiere decir que no hay que pagar colegiatura, como en el Instituto Juárez. Mi hermano va a la secundaria nocturna que está cerca, y también es gratis. Entra a las dos de la tarde y sale a las ocho de la noche. Por eso ya casi no nos vemos, solo los sábados y los domingos, y me siento un poquito triste. Cuando mi mami me lleva a la escuela él está durmiendo, y cuando me recoge, Jero ya no está. Llega a la hora en que me voy a acostar. Lo mejor de mi nueva escuela son las donas de cajeta calientitas que me compro en el recreo, cuando mi mami me da dinero, que es muy pocas veces. Me la como bien despacito para saborearla mucho y que no se me acabe. También lo mejor es la clase que se llama Educación Artística porque hacemos cosas diferentes, como taparnos los ojos con un paliacate, que es una tela de colores con dibujos negros, y luego pintamos con un lápiz en una hoja lo que nos va diciendo la maestra, por ejemplo, "derecha hasta arriba, ahora izquierda recto y ahora abajo, y derecha otra vez y ahora diagonal", y así, hasta que dice "suelten los lápices". Yo nunca sé cuál es la derecha ni la izquierda porque puedo escribir con las dos manos, por eso a veces me preocupo porque no sé si lo hice bien o mal. Cuando abro los ojos veo un dibujo de puras rayas que suben, bajan y se cruzan. Entonces la maestra nos dice que pintemos de un color diferente cada figura. Cuando lo termino se ve tan bonito que quiero regalárselo a mi mami. Por eso le escribo en un ladito del dibujo "Para: mi mami con amor. De: Cielito". Me encanta colorear, eso ya lo dije, por eso siempre me fijo bien para no salirme de la raya. También me gustan los colores Prismacolor que me compra mi mamá aunque sean los más caros porque dice que son los mejores. Y yo creo que sí porque pintan suavecito y, como no hay que apoyar duro, no se me cansa tanto la mano. Mi mami dice que los zapatos, los colores y los óleos de güinsor aniuton, con los que pinta sus cuadros, tienen que ser "de la mejor calidad" para que no se dañen y duren mucho.

Hemos estado felices aquí en Pirineos pero ya nos tenemos que ir. Solo nos prestaron el departamento porque mi mami trabajaba con Henry pero ella ya no quiso y "renunció". Yo sé por qué pero no se lo digo a nadie, ni a ella. Cuando veo los ojos de la gente me doy cuenta de cosas, como que él quería que mi mamá fuera su novia, y eso está muy mal porque él está casado con Estrellita, que es la amiga de mi mamá. Además mi mami tiene un novio bien feo que se llama Pedro y le enseñó a Jero a pelear con puñetazos. A mi papá "no le gusta la violencia" porque dice que "es mejor la inteligencia que la fuerza" y que no está bien pelear con golpes, por eso tampoco le gusta que mi mamá nos dé rejo. Pero Pedro es policía, entonces le dijo a Jero que si alguien lo molesta o lo quiere robar o golpear, él tiene que mirar a los ojos con rabia, aunque tenga miedo, para que la otra persona se asuste y se vaya. A mi mamá le gusta escucharlo hablar porque dice que es muy inteligente y no le importa que sea feo. Pero a mí me caen mal todos los novios que ha tenido, que son Alfredo, Mario y Miguel. El otro día mi mamá y Pedro estaban encerrados en su cuarto y, como la puerta tenía seguro, fui a la cocina y agarré un cuchillo y abrí, y los dos estaban acostados en el colchón. A mí me da "desespero", como dice ella, porque yo no quiero que a mi mamá le hagan lo que vimos en la azotea de Emiliano Zapata y, además, si tiene novio ya no me va a querer igual, porque ella siempre quiere más a los hombres que a las mujeres. Y yo quiero que ella siempre me quiera mucho. Por eso, cuando la vi con Pedro en la cama, empecé a llorar y a llorar y a llorar, y le dije que me iba a ir a vivir con mi papá porque ya no quería estar con ella, aunque eso era mentira. Y agarré la ropa de mi clóset y la metí en una maleta. Pero ella me decía que no me fuera y yo le decía que sí porque ella ya no me quería, y entonces llamé a mi papá para que me recogiera y dijo que sí pero no vino. Entonces me acosté a dormir porque ya era bien tarde y, cuando ella fue a darme las buenas noches a mi cama, le dije que no quería que me abrazara ni me diera besos, que se fuera, pero yo sí quería solo que estaba muy brava y muy triste porque ella prefería estar con Pedro.

Como ya nos tenemos que ir de aquí otra vez, le pedimos al Señor otro milagro para encontrar otra casa, otro trabajo y otro colegio que nos quede cerca. Yo creo que el Señor está muy ocupado, como mi papi, por eso no hizo el milagro. Entonces Jero y yo nos vamos a ir a vivir a la casa de mi papá con Guada, Saulo y mi nueva hermanita, que se llama Maya. Es muy triste tener que separarme otra vez de mi mami pero es más triste que ahora ella no tenga dónde vivir y, aunque yo me preocupo, ella siempre está tranquila, no importa que pasen cosas malas. Eso es porque, cuando era niña, leía muchos libros de santos que hacían milagros y aprendió a "dejar todo en manos del Señor", eso es lo de los milagros que ya expliqué. El día que mi mamá le iba a devolver el departamento a Henry y a Estrellita, Dios mandó a un amigo que se llama Joel, y ella le contó que no tenía dónde dormir. Entonces él le dijo que se podía ir a un cuarto en su casa mientras el Señor encontraba un nuevo trabajo y una nueva casa para que volviéramos a estar los tres juntos. Después de muchos días, que no sé cuántos son, pasó otro milagro. Mi mami encontró un trabajo en la Sociedad Bíblica a donde me encanta ir porque cuando entro a ese edificio grandote que huele rico y siempre está limpiecito me siento tranquila. Además hay muchos libros y oficinas con escritorios, como a mí me gusta. Ella hace muchas cosas allá y, las veces que me lleva, le ayudo a hacer montoncitos con Biblias y libros de Dios que metemos en unas bolsas para regalarle a la gente en el metro y en la calle. Entonces la gente sonríe y eso es lo bueno de este trabajo porque a nosotras nos gusta ver feliz a todo el mundo. Allí conoció a Rosa Elisa, que vive en Luz Saviñón 1358 departamento 8, y le dijo que podía quedarse en el cuarto que le sobraba. Como yo extraño mucho a mi mami y quiero que estemos otra vez juntas, Rosa Elisa le dijo que podía llevarme, y yo me puse feliz. Ella es una señora de Yucatán que habla muy chistoso, y dice "ninio" en vez de "niño". También tiene dos hijos chiquitos muy malcriados que no obedecen y lloran mucho, y se les caen los mocos verdes y nadie se los limpia. A mí me dan ganas de vomitar cuando los veo pero no digo nada. A Rosa Elisa no le gusta trapear ni barrer pero canta bien bonito las canciones de Dios, y también toca la guitarra. Un día mi mamá y ella dejaron las llaves adentro de la casa y, como no tenían dinero para que el cerrajero del mercado les ayudara, llamaron a los bomberos. Entonces ellos se subieron a la azotea, y con unas cuerdas bajaron, se metieron por las ventanas y abrieron la puerta. Mi mami me contó que ellas les pagaron "con un regalo espiritual", que no era dinero sino unas canciones de Dios que Rosa Elisa les cantó, como la que dice "por la vía dolorosa, que es la vía del dolor". Siempre que la escucho me dan ganas de llorar y se me pone chinita la piel porque es la historia de cuando mataron a Jesús. Y también mi mami les leyó la Biblia, por eso "se fueron felices".

Ahora Rosa Elisa se tiene que ir a Yucatán para siempre y mi mami y yo nos quedamos solas en el departamento. Entonces

Jero se puede venir a vivir con nosotras al otro cuarto y eso me hace sentir muy feliz. El Señor ya encontró otra escuela para él, que es la Secundaria Técnica 14, que tiene uniforme café. Ahí le enseñan a hacer "planos". Esos se hacen con unos "papeles mantequilla" grandotes que compra en la papelería del mercado, y les pinta mapas con la regla T y tinta china negra. Si se equivoca, lo tiene que hacer todo otra vez porque no se puede borrar. A veces Jero se imagina que su regla T es una guitarra eléctrica y que las agujas de madera con las que mi mami me enseñó a tejer son los palos de la batería, que se llaman baquetas. Y agarra los cojines del sofá cama que tenemos en la sala y les pega como si fueran los tambores. Jero dice que es "rockero", eso significa que le gusta escuchar música de Yutú, Motleicrú, Gonsanrouses, Eicidici y otros que no me sé los nombres porque son en inglés y son bien difíciles de pronunciar. También le gusta Caifanes, La Maldita Vecindad, Sodaestereo, Charly García y Hombres G, que dicen groserías en sus canciones y por eso en el radio cuando dice "sufre, mamón", le ponen un tiii, para que no se escuche esa palabra. Y también le gusta subirle mucho al volumen, y mi mamá a veces lo regaña porque dice que "los vecinos se van a quejar", pero a él no le importa. Como él nunca obedece, a veces le pasan cosas malas porque Dios nos castiga si no hacemos caso. Como cuando se clavó el pedal de una bicicleta en la espalda y le salió mucha sangre o cuando se partió la cabeza y mi mamá lo regañó y le dijo "eso es por no orar". Él no lloró pero yo sí porque ella no lo abrazó ni le dijo "tranquilo, ya va a pasar". Ahora que estamos en Luz

Saviñón, el Señor encontró una nueva escuela para que yo pueda terminar tercero de primaria y Jero tercero de secundaria. Se llama Instituto Cuauhtémoc. Y ahora mi mamá tiene un trabajo nuevo, que es ayudando a un pastor que hace karate y es "cinturón negro", o sea que se puede defender si lo quieren robar en la calle. El pastor es muy guapo pero tiene una esposa muy fea, y como mi mamá es bien bonita y trabaja con él me da miedo que le pase lo mismo que con Henry. Porque si no tiene trabajo no podemos pagar el departamento y otra vez nos vamos a tener que separar. El pastor tiene tres hijos que se llaman Marita, Norma y Marcelo y todos vamos al mismo colegio. Norma y Jero dicen que son novios pero nunca se han dado ningún beso, como hacen los novios en las telenovelas. Jero tiene catorce años, ella trece y yo nueve. Somos amigas, jugamos en su casa y a veces me invita a dormir. Entonces me cuenta sus secretos y nos bañamos juntas, igual que con mis otras amigas cuando voy a sus casas. En la casa de Norma hay una tina que parece una alberquita de lo grande que es. Le gusta llenarla con agua bien caliente y cuando me meto siento que me quemo, pero no le digo nada y me aguanto hasta que se me pasa. También hay cinco baños y todos tienen colores diferentes. Queda en la calle Pitágoras, cerca de nuestro departamento y del mercado. También tiene un jardín adelante y otro atrás, seis recámaras, como se dice en México, y una escalera que me gusta mucho porque es redonda como un cairel. Esa palabra se dice "churco" o "crespo" en colombiano. Como Jero sabe que Norma y yo nos bañamos juntas a veces me pregunta si tiene "pelitos ahí abajo" y "teticas", y cosas así que me da pena contar. Entonces yo le respondo que no le voy a decir nada y que no me pregunte esas cosas tan "vulgares". Jero está enamorado de Norma y yo creo que el pastor también está enamorado de mi mamá, por eso renunció a este trabajo y va a buscar otro. Ella no dice nada pero yo me doy cuenta. Siempre repite que cuando "ven sola a una mujer, los hombres abusan", o sea que si no tiene esposo los hombres quieren que ella sea su novia, aunque ella no quiera. Eso me hace sentir triste porque es injusto, o sea, que está muy mal.

Ahora que pasé a cuarto de primaria, mi mamá me cambió al colegio de Amistad Cristiana, que es una iglesia cerquita de Plaza Universidad, a donde vamos al cine y a comer helado cuando tenemos dinero. Me gusta mucho este colegio porque me enseñan canciones en inglés y en español, y las profesoras son muy cariñosas. Cuando mi mami no tiene trabajo pinta "cuadros al óleo" con caballos salvajes, que es su animal favorito, y "paisajes", que son dibujos con muchos árboles, ríos, montañas y olas. También le gustan los "bodegones", o sea mesas con frutas y flores de muchos colores. Ella lleva sus cuadros a todas partes para ver si alguien se los compra. Por eso también los llevó al colegio, y como vieron que pintaba tan bonito, le pidieron que dibujara a Emiliano Zapata y Pancho Villa, que son los "héroes" de la Revolución mexicana, como si fueran de verdad, del mismo tamaño que en la vida real. Le quedaron bien lindos, lo malo es que no le pagaron ni tampoco le compraron sus cuadros. Eso es por no tener esposo. Yo me puse furiosa pero a ella no le importó. Como le gusta ayudar siempre repite que "hay que hacer las cosas de corazón" aunque no te paguen. Todo el mundo la quiere en la iglesia y en el colegio porque, además, hace más cosas gratis. Mientras Dios le ayuda a encontrar un nuevo trabajo nos metimos a las clases de hebreo gratis que dan en la iglesia. Ya sé escribir y pronunciar los números del uno al diez y todo el abecedario. Mi mamá me compró un cuaderno grande para hacer muchas planas cuando termino las tareas del colegio. En la parte de adelante le pusimos la bandera de Israel, que es blanca con una estrella azul que se hace con dos triángulos. Y lo forramos con plástico para que no se dañe. Ella dice que somos judías, y por eso también me corta el fleco o, como dice ella, la capul bien chiquita. A mí me choca que "me trasquile" porque me veo bien fea pero ella dice que así se lo cortaban "las hebreas en la época de Jesús", y que me veo más bonita que antes.

El edificio donde vivimos en Luz Saviñón es viejo y hay cucarachas bien grandes que me hacen poner la piel chinita. Eso también me pasa cuando entramos por la puerta de la calle porque hay un pasillo muy oscuro que da miedo y hasta el fondo están las escaleras. Jero y yo corremos bien rápido hasta que llegamos al piso tres donde está nuestro departamento, y yo siempre cuento los escalones sin que nadie me escuche. Eso lo hago cuando subo o bajo, hasta en la escuela. Los de este edificio son treinta y nueve. Siempre llego bien cansada, igual que cuando hago carrera de relevos en la escuela, que de correr tan rápido me duele la garganta y casi no puedo respirar. Por las ventanas de nuestro departamento se ve la parte de adentro del edificio y el patio de los vecinos del primer piso. En cambio en el departamento 7 donde vive Alina, mi amiga, hay un balcón y se ve la calle. Ella tiene siete años y yo ocho, pero siempre quiere mandarme y como a mí no me gusta que me regañen, a veces nos peleamos y yo me voy bien enojada a mi casa. Al siguiente fin de semana nos contentamos y volvemos a jugar a que somos doctoras o unas abogadas bien importantes, como mi papi. Cuando juego sola me siento en el escritorio que me compró mi mami y agarro una pluma y, aunque todavía no sé escribir rápido, hago rayones como si fueran palabras y me imagino que escribo cosas de grandes. Y también les pongo muchos ceros a los cheques que compramos en la papelería del mercado porque eso significa que es mucho dinero. Tengo un teléfono de mentiritas para llamar a Rosi, mi secretaria, y me imagino que es alta y bien linda como mi mami, solo que con el pelo negro y liso. Yo hablo con ella y a veces le digo que "no me pase llamadas" porque estoy muy ocupada "en mi despacho haciendo cuentas". Eso lo escuché en *Cuna de lobos*, que es una telenovela donde hay un señor que tiene mucho dinero y le dice eso a su secretaria cuando no quiere hablar con nadie. A mi mamá le encanta que juegue a eso porque se acuerda de que una vez yo tenía tres años y le dije "mira, mami, yo soy muy impotante y ya tengo un árbol de Navidat". Eso fue cuando llegamos a México y yo tenía tres años y Jero ocho, y mi papá no quería que tuviéramos un arbolito porque decía que eso era un invento de los gringos pero mi mamá lo convenció y, entonces, nos lo compró en la tienda de la UNAM y le pusimos esferas y lucecitas, que es lo que más me gusta de la Navidad, ah, y el ponche con piloncillo, canela, naranja y tejocote.

Nuestro departamento de Luz Saviñón tiene un baño con un calentador bien grande con una llama adentro para que se caliente el agua, pero se apaga muchas veces y hay que prenderlo con cerillos. Cuando se nos acaban, vamos a la estufa y lo prendemos con una servilleta "entorchada", o sea que mi mami le da vueltas para que el fuego que agarra de la estufa no la queme tan rápido y le dé tiempo de llegar al baño. Yo ya aprendí a hacer eso, solo que debo tener mucho cuidado para no quemarme. El otro día Jero mató una cucaracha grandota en el baño y le partió la cabeza pero la dejó en el suelo porque a él no le gusta ayudar en "las cosas de la casa" y mi mamá siempre tiene que regañarlo para que las haga. Cuando entré vi que la cabeza estaba caminando y me puse a gritar. Cuando vino mi mamá se dio cuenta de que las hormigas se la estaban llevando y por eso parecía que se movía solita. A mí me asustan mucho los insectos y a veces, cuando me acuerdo de eso, lo veo todo otra vez en mi cabeza y se me vuelve a poner chinita la piel. También me pasó cuando fuimos con mi papá y con Guada a Acapulco y nos dijeron que había alacranes y debíamos tener cuidado. Yo no pude dormir porque cuando se me cerraban los ojos del sueño, me imaginaba que se subían a la cama y me picaban. O como cuando Jero salió del edificio de Luz Saviñón y vio muchos carros y mucha gente y era porque un ladrón le había disparado en la cabeza a un policía y lo había matado en la avenida Cuauhtémoc, donde agarramos el camión todas las ma-ñanas para ir al colegio. Nos contó que cuando estaban subien-do al policía a la ambulancia se le cayó el brazo y, aunque yo no lo vi, ahora ya no puedo dejar de pensar en eso.

Dios es muy bueno. Mi mamá encontró otro trabajo. Aho-ra vende carros en un lugar que se llama Autofin. Aunque es la más bonita de todas las vendedoras al final del mes no tiene ninguna "comisión", que es lo que le pagan, porque a ella solo le gusta hablarles de Dios a los "clientes". Dice que es muy abu-rrido vender carros y que ella es "pescadora de almas, no de dinero". Cuando llega del trabajo siempre le pregunto si vendió algún carro porque nunca sabemos si vamos a tener para pagar el departamento, el colegio o la comida. Por eso mi papá le dijo que yo tenía que irme a vivir otra vez con él, con Guada, Saulo y Maya hasta que ella "se estabilizara", que no sé qué significa, y que cuando vendiera cuatro o cinco carros yo podía regresar a vivir con ella y con Jero. Yo creo que eso es poco porque ella me cuenta que Berthita y otra compañera venden veinte o treinta en el mes. Así que no sé cuándo voy a poder estar otra vez con mi mami. Como ya pasé a quinto de primaria, mi papá me metió a un colegio en la vereda Cuajimalpa, cerca del Oli-var de los Padres, donde está su casa. Se llama Colegio Bilbao y me encanta porque los salones son cabañas de madera, como la de Heidi, que es una caricatura de una niña que vive en la montaña aunque es un poco triste porque no tiene mamá ni papá. En el colegio hay un bosque con muchos árboles y un río, y a veces las maestras nos llevan allá a las clases al aire libre, como ellas dicen, y eso me hace sentir tranquila. Ahora tengo nueve mejores amigas y en los recreos jugamos "resorte", que es mi juego favorito porque brincas desde lo más bajito hasta lo más alto y siempre tienes que poner mucha atención. Pierdes si haces talache, o sea, cuando no caes con los dos pies al mismo tiempo. Primera es en los tobillos, segunda en las rodillas, tercera abajo de las pompis, cuarta en la cintura, quinta en las axilas y sexta en el cuello. Todas saltamos bien alto con nuestros Keds, que son unos tenis blancos y de colores, y nos inventamos trucos.

Cuando cumples diez años ya eres grande, por eso en las mañanas me levanto yo solita con el despertador, me baño, desayuno, agarro dinero del pantalón de mi papá para comprarme algo en el recreo y salgo de la casa cuando todos están dormidos. Subo una montañita y llego a la estación del camión a esperar el bus del "colecho", como yo decía cuando estaba aprendiendo a hablar. En la esquina hay un teléfono público y, mientras llega el bus, llamo a mi mami. A veces cuando la escucho me dan muchas ganas de llorar porque no estamos juntas pero me aguanto para que ella no se preocupe. Pero ella se da cuenta porque siempre que me dice "muñequita, no esté triste que ya pronto nos vamos a ver". Y entonces me dan más ganas de llorar. Cuando es viernes o sábado le pido a mi papá que me lleve a Luz Saviñón para estar con ella y con Jero. Lo malo es que como es tan lejos, unas veces puede y otras veces no. Miguel es el chofer del bus y me cae muy bien porque cuando la señora que nos cuida no está nos deja sentarnos hasta atrás, y en los topes acelera y brincamos casi hasta el techo y nos reímos mucho. Y entonces se me olvida que estoy triste. Aunque también me gusta vivir con mi papá, con Guada, mis hermanos y con Inma, que es de Veracruz porque con ellos no me tengo que preocupar por el dinero o porque no hay comida en el refri. Inma nos ayuda en muchas cosas de la casa y también cocina bien rico, "como todas las mexicanas", así dice mi mami. Por las tardes, y también cuando me quedo en la casa de mi papá el sábado o el domingo, jugamos con los amiguitos de la privada, que está en la calle Nabor Carrillo 73, casa 4, colonia Olivar de los Padres. El teléfono es 5 95 42 89 y el de mi mami es 6 23 92 84. Lo que más me gusta es tirarme en patines por la montaña que subo todas las mañanas para ir al colegio. Como no se puede frenar porque es una bajada bien empinada y bien larga que va hasta-hasta abajo, y no nos dan permiso de ir hasta allá, entonces doy la vuelta en un zaguán azul y freno con las manos para no pegarme en la cara. Suena bien fuerte y me duele un poquito, pero me aguanto porque me encanta bajar así de rápido en los patines. Yo me imagino que soy Chitara, la de los Sundercats, que es la que más me gusta de todas las caricaturas que vemos con mis hermanos. Lo mejor de tanto patinar y patinar, y de tirarme por la montaña, es que nunca me he caído ni me he raspado. Eso es porque, como dice mi mami, soy "muy ágil" aunque sea gordita. Con Saulo y Maya también jugamos a los superhéroes y a veces me imagino que soy Shirrá, que es la hermana gemela de Jimán. Ella es bien guapa. Tiene muchos poderes y un caballo que se convierte en unicornio, y también es mi favorita porque le ayuda a la gente, igual que mi mamá y que mi papá.

El otro día llamé a mi mami por teléfono y me dijo que Jero y ella me extrañaban mucho porque "la casa parecía muerta" sin mis carcajadas y sin mi alegría. Yo pensé que solo yo los extrañaba y me puse feliz cuando me dijo eso porque eso significa que me quieren. A mí también me gustaría estar siempre con ellos pero en ningún colegio he tenido amigas tan lindas como Mara, que un día me escribió una carta que decía "eres lo más *high* del Bilbao y lo más acá del salón". También está Vera, que es una argentina guapísima que tiene los ojos azules, muchas pecas en la cara y el pelo naranja oscuro. Ah, y habla bien bonito pero yo no sé imitarla aunque a veces trato, pero es bien difícil. Ella vive en la colonia del D. F. que más me gusta, que se llama Roma, y tiene muchos edificios viejos bien bonitos con los pisos de madera y tinas en los baños. Sus papás a veces nos llevan al club, donde hay muchos jardines y una alberca grandota con trampolín, y también va su hermano mayor, que se llama Marcial. Todos ellos son bien altos y eso es porque "tienen sangre rusa en su apellido", me dijo mi mami. Hay otra amiguita que es bien "tímida", como yo, eso quiere decir que te dan pena muchas cosas, y se llama Hansa. Tiene los ojos un poco chinitos y el pelo bien liso, y sonríe todo el tiempo. No le gusta casi hablar y cuando le toca o la obligan se pone roja. Ella vive en una casa de tres pisos que están terminando de construir sus papás y es de las más lindas que he visto porque está en el bosque, cerquita del colegio, y tiene muchas ventanas y se ven los árboles. Sus papás la dejan invitar a todas las amigas. Somos en total siete. Cuando nos quedamos a dormir, ponemos eslipingbags en la sala y vemos *Viernes 13*, que es una película de terror que me da mucho miedo, comemos palomitas y la pasamos bien padre. Eso se llama en inglés piyamaparti. Como esa casa es tan grande, sus papás también nos dejan practicar ahí el baile que vamos a presentar en la kermés, que es uno bien moderno, con una canción de Rocset que se llama "Shisgatdeluk" y siempre nos dan sángüiches con jugo de naranja. Las otras amigas se llaman Anabel, Soly, Aura y Pau Larocco, y todas me invitan a dormir muchos días a sus casas y mi papá siempre me da permiso. Aunque las voy a extrañar mucho cuando se termine el año también quiero estar con mi mamá y con Jero, por eso le dije a mi papi que quiero regresar a Luz Saviñón, aunque me sienta triste de tener que dejar a mis amigas y de irme de irme del Bilbao, que es el que más me ha gustado de todos.

Ahora mi mamá es la secretaria del dueño de Autofin, que es un señor muy importante. Como ya tiene un poquito más de dinero me metió en otro colegio que no queda tan lejos. Se llama Dos Naciones Unidas y es bien difícil porque es bilingüe, eso significa que las clases de inglés duran tres horas todos los días. La profesora es de Alemania, igual que las monjas del colegio donde estudió mi mami en Colombia, por eso es tan estricta. Tiene los ojos azules y me da mucho miedo. Se llama Emma Rauch de Gallardo, y casi no le entiendo cuando habla ni tampoco los libros que usamos, que son muy caros, de una marca que se llama Magraujil. Por eso tengo que estudiar todo el tiempo y hablar inglés con mi mamá hasta cuando lavamos la ropa en la azotea. Ella aprendió un poquito cuando era guía del Museo del Oro, que fue del trabajo donde "la botaron cuando quedó preñada de Jero y la declararon persona nograta", que no sé qué quiere decir. La profesora de las demás materias se llama *miss* Onelia, que es una viejita muy enojona y regañona, que les pega a los niños con una regla grandota, y les jala las patillas hasta que se levantan de la silla llorando porque eso duele mucho. Y también pone orejas de burro al que se equivoque o no haga caso, y a los que se portan mal los lleva a una esquina del salón para que miren la pared y no pueden hablar con nadie. Yo me porto siempre muy bien para que ninguna de las dos maestras me regañe ni me pegue, pero siempre estoy preocupada y me dan ganas de llorar cuando veo que maltratan a los demás niños. Por eso nunca quiero ir a este colegio y en las mañanas lloro, y le pido a mi mamá que por favor-por favor-por favor me cambie, pero ya compramos todos los libros y los uniformes, hasta los guantes blancos para la escolta. Como mi mamá tiene que trabajar hasta las cinco de la tarde, Jero me recoge todos los días cuando sale de la prepa. Él ya tiene diecisiete años y le gusta quedarse con sus amigos y con su novia, y le choca tener que ir por mí, por eso casi siempre llega enojado. Eso me hace sentir muy triste porque yo creo que, como ya no me quiere tanto, siempre soy la última o la penúltima en irse del colegio. A veces me imagino que un día se le va a olvidar recogerme y voy a tener que quedarme a dormir en este colegio que me da tanto miedo. El único día que llegó temprano fue cuando en Colombia mataron a un amigo de mi papá que quería mucho, se llamaba Carlos Pizarro. Jero me contó que mi papá lloraba y lloraba y lloraba, y se asustó mucho porque nunca lo había visto llorar, ni yo tampoco. No entiendo por qué pasan cosas tan horribles, ni por qué en Colombia matan y "torturan" a los amigos de mi papá. Esa palabra es muy fea y significa que la policía los lastima hasta que lloran y gritan del dolor, pero los siguen lastimando y les sale sangre. Lo más triste es que luego sus familias no los encuentran porque están "desaparecidos". Cuando pienso en eso siento que me duele el cuerpo y no me dan ganas de jugar ni de comer, solo de llorar y llorar y llorar, pero eso no se lo cuento a nadie porque "de esas cosas no se habla". Y a los que no matan se tienen que ir de Colombia, como le pasó a mi papá y también a nosotros. Eso es muy-muy-muy triste porque ahora no podemos estar con los abuelos, ni con las tías ni los primos. Cuando sea grande quiero tener una casa grande con alberca que huela rico, con muchas ventanas, que no le pase nada malo a nadie y que todo el mundo esté feliz. Quiero poder invitar a mis amigas a dormir y a jugar porque siempre que me cambio de colegio y me despido de ellas, siento como si también ellas se "desaparecieran", y lloro porque quién sabe si algún día las voy a volver a ver. Eso también le pasa a mi papá con sus amigos de Colombia cuando no pueden venir a México.

2

Las reuniones, las palabras

Hay un señor de bigote que no sonríe casi nunca. Tiene voz de trueno, y siempre habla y habla, y se la pasa hablando, hasta cuando está solo. Habla y mueve las manos. Habla y fuma. Maneja y habla. Habla y se baña. Habla de cosas que no entiendo. Mueve las manos cuando habla. Habla fuerte. Habla con groserías, también con voz tierna. Habla y se desespera. Habla y escucha. Escucha con los ojos. Ojos tristes. Respira y habla de nuevo. Hasta en los sueños habla.

Algunas veces pienso que no es cierto lo que mi mamá dice de mi papá porque yo lo quiero mucho y es el único papá que tengo. Cuando ella me regaña, cuando me pega o estoy enferma o cuando algo me duele lloro por él, y digo muchas veces "paaapiii, yo quiero a mi paaapiii", a ver si a lo mejor me escucha y viene a abrazarme. Pero él casi nunca está. Cuando lloro por él me pasa una cosa en el cuerpo, que se me mueve todo y siento un dolor gigante y caliente, como cuando me raspo las rodillas, pero este dolor es diferente porque es de color naranja

59

con rojo y negro, y lo siento aquí, al lado de donde *miss* Yola nos enseñó que está el corazón. Ese dolor se me va subiendo al cuello y, a veces, casi no puedo respirar, igual que cuando corro muy rápido, pero yo sigo llorando hasta que se me acaban las lágrimas, que es cuando mi mami me abraza y me dice "tranquila, ya va a pasar", y entonces me quedo dormida de tanto llorar. Ella siempre me dice que como soy artista soy tan sensible y lloro "con tanto sentimiento", eso significa que lloro de verdá-verdá. *Por aquel entonces no conocía a mi padre. Sabía de él solo a través de los ojos de mi madre y de lo que lograba percibir cuando estábamos juntxs. No éramos cercanxs. Muchas veces, sin premeditación alguna, busqué consuelo en la idea de un padre que, aunque era un desconocido y la mayoría del tiempo estaba ausente, me llevaba a sus reuniones para estar juntxs, del modo en que fuera. Por aquel entonces no quería sentirme tan sola ni tener tanto miedo todo el tiempo, aunque, lo entendería años después, esa soledad y mi sobresalto permanente provenían de aquella vida que él había elegido para sí y, en consecuencia, para nosotrxs. [¿Elegido? ¿Se puede elegir permanecer impasible frente a un estado de las cosas que ahonda en las desigualdades, que privilegia y condena siempre a lxs mismxs? ¿Se puede elegir no hacer nada cuando una presunta democracia —esa promesa inconclusa e imperfecta de libertad, igualdad y fraternidad— en vez de fortalecerse con el tiempo se pauperiza debido a los abusos de unxs pocxs que se instalan en el poder? ¿Democracia o un aparato estatal al servicio de intereses particulares? ¿Qué alternativas quedan?].*

Mi papá siempre está preocupado porque no le alcanza el tiempo. Hace muchas cosas en un día y va de un lado al otro, como el Correcaminos. Cuando estoy en su casa me acuesto y me levanto primero que todo el mundo. Nunca ve la tele ni juega con nosotros. *Solo recuerdo haberle visto sonreír y bailar en las muchas rumbas que organizaban con sus compañerxs de lucha. Permanecen indelebles en mi memoria las de la Casa Colombia, un lugar mágico que adorábamos, un pedacito de nuestra vida en otro lugar y en otro tiempo que percibía en forma de pura nostalgia a través de todxs ellxs, lxs que bailaban y se abrazaban hasta el amanecer quizá sintiendo, siempre, que aquella podía ser la última fiesta. A lo mejor esas risas y esos abrazos sinceros eran, también, una manera de honrar la memoria de aquellxs a quienes un Estado fallido les había arrebatado todo. [¿Cómo saberlo? Ya no te lo puedo preguntar. Te has ido para siempre. ¿Siempre? ¿Qué significa esa palabra? Solo me quedan la evocación y el sentimiento de aquel pasado escondido en los confines de mi memoria que se resiste a morir en mí]. La Casa Colombia nos conectaba, como un cordón umbilical, con nuestra otra historia, la grande, la de más atrás, la que, sin saberlo, era la que más dol(er)ía. Esa casa era un espacio-tiempo de excepción perdido en el corazón del inmenso Distrito Federal, donde colombianxs de todos los colores y clases sociales se congregaban para celebrar la vida con danza, música, comidas nostálgicas y, cómo no, con reuniones. Y quién lo diría, esa casa, igual que las de otrxs exiliadxs del Cono Sur, seguramente también fue vigilada e infiltrada por la Dirección Federal de Seguridad que, se sabe, monitoreaba las actividades de quienes formaban parte de movimientos revolucionarios llegados a México en las décadas de los setenta y ochenta. En ese rincón de nuestra otra patria, en una fiesta que siempre guardaré en mi memoria, mi padre me enseñó a bailar salsa sobre sus pies y me dio a probar por primera vez la cerveza Corona con limón y sal. Quizá fue un ritual de iniciación, la bienvenida a una vida que él proyectaba para mi yo adulta, como buen caribe convocando la música, el goce y la complicidad. [Eso nunca lo supe ni lo pensé así, hasta hoy que traduzco en palabras las sensaciones que me abruman a medida que voy despertando el recuerdo. Voy a fijar esta imagen en mi memoria y voy a evocarla así, en adelante, para consolarme cuando tu ausencia me estruje las tripas y sienta ganas de morirme, a ver si la belleza me ayuda a exorcizar este dolor infinito que no me suelta].*

Mi hermano Jero es muy valiente. Él y yo a veces vivimos con nuestra mamá, y otras veces con nuestro papá y con Guada, eso ya lo dije, y con otras personas que son las amigas de mi mamá. Ella tiene como treinta y siete o cuarenta años, no me acuerdo bien porque a mí me cuesta trabajo aprenderme los cumpleaños y también los días de la semana. Pero ella repite que mi papá tiene tres años menos que ella, y Guada dos años menos que él. De eso sí me acuerdo.

A veces Jero y yo nos vamos a casa de mi papá los sábados y domingos, o cada quince o veinte días, o cuando se puede, que nunca sabemos cuándo es. Siempre que estamos con él nos lleva a reuniones y a hacer diligencias. Pero las de mi papá son más aburridas que las de mi mamá, por eso Jero nunca quiere ir y se pelea con él. Pero yo le digo siempre "yo te acompaño, papi" aunque no tenga ganas porque quiero que él esté feliz. Unos días vamos a la UNAM, y si a Jero lo obligan a ir, mientras mi papi "dicta" sus clases jugamos en el Espacio Escultórico, donde hay lava que se convirtió en piedra cuando explotó el volcán Xitle, hace muchos muchos años, cuando yo todavía no había nacido, ni mi mami, ni mi papi. Eso me lo dijo Israel, el esposo de Xochi, que es la hermana de Guada, y los tres son profesores de la UNAM, y como yo pongo mucha atención casi nunca se me olvidan las cosas. Alrededor de la lava hay unas pirámides de piedra pero no tan grandes como las de Teotihuacán, que son gigaaantes y hay que subir muchos escalones para llegar hasta arriba. Me gusta ir a Teotihuacán con los amigos colombianos de mi papá porque me acuerdo de mis clases de Sociales, que son mis favoritas junto con las de Español. Una vez nos quedamos hasta la noche en Teotihuacán, y de repente de la Pirámide de la Luna salieron unos indígenas con plumas en la cabeza, que se llaman penachos, y empezaron a bailar. Había fuego y música y luces de muchos colores y, aunque era de mentiritas, se me puso la piel chinita y me dieron ganas de llorar porque me imaginaba que así había sido México Tenochtitlan antes de que llegaran los españoles, que hicieron cosas muy malas como matar a los indígenas y quedarse con su dinero. Parecía que estuviéramos en *La dimensión desconocida*, que es un programa que vemos con Jero, en el que las personas viajan en el tiempo, igual que en *Odisea Burbujas*, solo que ahí viajan nada más los animales que le ayudan al Doctor Memelovsky. Cuando vamos a la UNAM, en la tienda compramos rollitos de tamarindo con sal, bien aciditos y bien chiludos, y nos subimos hasta-hasta arriba de las pirámides del Espacio Escultórico para comerlos. Aunque me da un poco de miedo subirme porque es bien difícil y se te resbalan los pies, Jero siempre me ayuda y me dice "ándale, Cielito, tú puedes". Y entonces puedo.

Otros días, mi papá nos lleva a donde sus amigas en Coyoacán, que es una colonia con unas casas bien bonitas de colores y que tienen muchas flores, como la de Frida Kahlo, que es una pintora que tuvo un accidente bien horrible y casi no se podía mover. Y lloraba mucho porque le dolía el cuerpo pero también porque su esposo, que se llamaba Diego Rivera y era bien feo, tenía otras novias y eso está muy mal. La otra casa que me gusta es la de Gabo, así le dicen a un amigo colombiano de mi papá, que escribe libros y luego los vende en la Gandhi, a donde también lo acompaño a veces a sus reuniones. Yo no he entrado a esa casa, pero mi papi sí, y me contó que juntos ayudan a que las personas se escapen de Colombia. Esas historias son muy tristes y siempre que las escucho me aguanto las ganas llorar. Y hay más casas a las que sí he entrado porque ahí hacen muchas reuniones con mucha gente. En Coyoacán también está El Parnaso, donde mi papi hace otras reuniones que sí me gustan porque me deja pedir un capuchino con espuma y canela, y yo le pongo dos cubitos de azúcar, y me lo tomo despacito-despacito, para que no se me acabe. Y a veces también vamos a otras reuniones con sus amigos que vienen de Colombia y luego se regresan, como el que estaba el otro día en un hotel, cerca del Ángel de la Independencia, que es una estatua que está en medio de una calle muy grande que se llama el Paseo de la Reforma y que me encanta porque tiene muchas palmeras, que son mis árboles favoritos. Yo me sé los nombres de algunas calles porque los leo cuando vamos en el carro. Ese amigo de mi papi se llama Eduardo Umaña y siempre me voy a acordar de él porque dijo que era mi tío, y me abrazó muy fuerte, y me contó que cuando mi papá y él eran más jóvenes "les ayudaron a los indígenas del Tolima a recuperar sus tierras" porque unas personas ricas se las habían quitado y ya no tenían dónde sembrar su comida. No sé qué significa todo eso pero yo sentí que él era muy bueno, como mi papi, y que me quería, por eso también lo quiero mucho aunque solo lo vi ese día. Ahora mismo tengo seis años, aunque ya casi cumplo siete, y acabo de empezar a hacer mi colección de recuerdos para que nunca se me olviden.

México, D. F., a 24 de mayo de 1985. Estado de ánimo: contenta. Estado del tiempo: nublado.

Hoy es viernes. Salimos con Jero de nuestro colegio, que se llama Instituto Juárez. Son las 2:34 de la tarde en su reloj Casio, que tiene botoncitos de calculadora, aunque en realidad son las 2:29 pero mi mamá le dijo que lo adelantara cinco minutos para no llegar tarde porque eso "es de mal gusto". A mí no me regalaron ningún reloj pero a él sí porque es hombre y es el mayor. Siempre nos vamos caminando hasta el metro Miguel Ángel de Quevedo, que queda cerquita. Mi papá nos va a recoger a las cuatro, aunque seguro llega a las cinco. Pero tenemos que estar a las cuatro porque a esa hora nos dijo y hay que hacerles caso a los papás. Siempre que llegamos a la estación creo que hoy es el día en que sí nos va a recoger a la hora que dice. Pero no. Mi mamá y mi papá siempre llegan tarde a todas partes.

Y me "mortifica". Esa palabra es colombiana. Significa que algo te hace dar rabia y sientes calor en la cabeza, como cuando mi hermano me quita mi dinero. En las mañanas a veces se nos hace tarde para ir al colegio. Entonces tengo que apurarme y, como todavía no sé hacer tantas cosas tan rápido, a cada rato miro el reloj de la mesa de noche que "detesto" porque siempre que suena para que nos despertemos me asusta. Y a mí no me gusta despertarme con susto porque el corazón me hace bum-bum, bum-bum, bum-bum y me dan ganas de vomitar. Ya sé que los minutos siempre pasan y pasan y pasan porque cuando nos estamos alistando mi mamá pone en el radio a un señor que va contando los minutos y se escuchan los comerciales de "Chocolates Turín, ricos de principio a fin", "Por su regio sabor y deliciosa calidad, la cerveza es Corona", y muchos así hasta que dice "XEQK proporciona la hora del observatorio astronómico: son las 7:27 minutos, 7:27, piii", y se escucha ese sonido. Es igual cada minuto, y entonces voy contando en mi cabeza 7:27, 7:28, 7:29, y mientras tengo que vestirme y hacer otras cosas muy rápido para que no lleguemos tarde al colegio. A mí me chocan las competencias y tener que ser la número 1 siempre. Y también esperar tanto tiempo para que llegue mi cumpleaños o para que mi papá nos recoja porque a veces me imagino cosas horribles que pueden pasar, como las que dicen en la tele, que se roban a los niños y, por eso, cuando los extraños te quieren dar un dulce o algo en secreto debes decir que no. Siempre me acuerdo del comercial donde salen Yuri, Chabelo y el Profesor Jirafales que dice "Ojo, mucho ojo. No dejes que te engañen. Tú vales mucho y mereces respeto. Cuídate a ti mismo". Lo bueno es que Jero y yo nos inventamos juegos para que el tiempo pase rápido, y así, jugando, se me olvida lo malo.

Son las 4:53 de la tarde. Mi papi acaba de llegar en el Datsun blanco. Lo estaciona a la salida del metro para que Jero se suba adelante y yo atrás. Siempre me toca atrás. Y siempre le dan más dinero a él que a mí y le sirven primero la comida. Mi mamá dice que eso es porque es hombre y porque es el hermano mayor, o sea, "el primogénito bendecido por Dios". Eso significa que Dios lo quiere más a él que a mí porque nació primero y porque es hombre. No entiendo. Eso es "injusto", como dice mi papá cuando algo está mal y te hace enojar y sentir triste. Esas tres cosas al mismo tiempo quieren decir injusto. Pero aunque siempre digo que es injusto que le den mejores cosas a él que a mí, nadie me hace caso. Eso me pasó también cuando le pregunté a *miss* Yola que por qué si hay un niño y veintinueve niñas tenemos que decir "hay treinta niños en el salón". Y respondió que porque esas son las reglas del español. Yo le pregunté que si no es mejor decir que "hay treinta niñas en el salón" porque es la verdad, todas son niñas y solo hay un niño, pero ella arrugó la frente y me dijo que así no era. Yo creo que hay cosas que nos enseñan en el colegio que son injustas, como esa, pero aunque no me gusten me las tengo que aprender. De todas formas, como mi mamá corrige los libros que lee, y tacha las palabras que no le gustan y las cambia por otras, igual que también cambia los nombres de las personas cuando no les combinan con la cara, el otro día también corregí el libro de Sociales que decía que el hombre había inventado la agricultura y descubierto el fuego. Taché "el hombre" y escribí encima "los seres humanos" porque en el mundo hay hombres y mujeres, no nada más hombres. Eso lo puedo corregir, pero lo del carro y lo del dinero, no. Y ya sé que nunca me van a dejar subir adelante si está Jero, aunque sea injusto.

Siempre que mi papá nos recoge los viernes y los sábados vamos a esas reuniones, que son más aburridas que las clases de inglés de *miss* Lila en las que no entiendo casi nada. Aunque pienso "no quiero ir, no quiero ir, no quiero ir" nunca lo digo, solo hago caso y ya porque a Dios le gusta que seamos obedientes, eso hay que repetirlo muchas veces para que no se nos olvide. Y como no quiero que mi papi se sienta triste o que luego ya no me quiera, yo lo acompaño. En esas reuniones no hay juegos ni colores ni nada para hacer, solo hablan y hablan y hablan los adultos, y los niños debemos "guardar silencio", como nos enseñan en la escuela. *Hoy que me asomo a esas memorias casi diluidas por el tiempo imagino los diálogos, las informaciones compartidas, los planes diseñados por aquellos seres humanos, soñadores e idealistas irremediables, con quienes compartí tantas horas y tantos afectos. Estaban convencidos de que, con sus modestas pero contundentes acciones, podían debilitar a un Estado sostenido por centenarias élites políticas y económicas que históricamente se habían beneficiado del poder. También buscaban visibilizar y combatir la influencia de los Estados Unidos que, desde la década de 1970, había permeado los gobiernos del Cono Sur a través de varias estrategias, entre ellas, la Doctrina de*

Seguridad Nacional y el Plan Cóndor, cuyo objetivo fue la represión, persecución, expropiación económica y eliminación del "enemigo interno", así como el desprestigio de las organizaciones revolucionarias y de sus dirigentes. El resultado fueron cientos de miles de civiles torturados, asesinados, desaparecidos y encarcelados en Argentina, Uruguay, Brasil, Chile, Bolivia y Perú. En Colombia, la influencia de los gobiernos estadounidenses implicó, entre otras cosas, la implantación del Estatuto de Seguridad en 1978, una medida constitucional de excepción que, sin embargo, se volvió permanente durante cuatro años. Aunque el terrorismo de Estado practicado por nuestros gobiernos civiles no era nuevo, el Estatuto arreció la persecución contra los movimientos revolucionarios, sociales, estudiantiles y sindicales. Esa violencia estatal, la vigilancia y la persecución a la oposición, con matices y todos los asteriscos que se quieran, podríamos decir que se prolongó hasta 2022. Si no hubieran existido los contrapoderes de esos movimientos y de los partidos de izquierda por más humildes que hayan sido, ¿qué habría sido de nuestra incipiente y maltrecha democracia? ¿Habríamos tenido la posibilidad de tener el primer gobierno de izquierda en más de doscientos años de historia republicana? ¿Qué significa que, además, el presidente de ese gobierno haya sido militante del M-19? ¿Cuánta gente habrá salvado su vida gracias a los operativos diplomáticos y militares que lxs exiliadxs diseñaban en esas reuniones? ¿Existían códigos secretos en esos espacios? A pesar de estar en un país que presuntamente les protegía, ¿seguían siendo clandestinas? ¿Cómo se sentirá vivir sabiéndose escuchadxs, vigiladxs y espiadxs en todo momento y, aun así, no darse por vencidxs? ¿Cuántas operaciones de resistencia, exitosas y fallidas, se habrán gestado en aquellas reuniones de las que mi padre, quizá sin ser muy consciente, me hizo parte? ¿Cuánto riesgo habrá existido para nosotrxs al estar ahí? [¿Para qué me/nos llevabas contigo, papi? Eso ya no lo voy a poder saber porque, igual que tantxs, te fuiste sin dejar registro de esas historias. ¿Para qué (sirve) la conciencia? ¿Qué estaban viviendo mis amiguitas en esos mismos momentos?]. Las reuniones duran muchas horas y se parecen a *La historia sin fin.* Así se llama la película que vemos en el Betamax de mi papá y que me da un poco de miedo porque sale un monstruo de piedra que aplasta todo. Y también hay un caballo que se lo tragan las arenas movedizas y cuando lo veo me pongo muy triste porque se ahoga solito sin que nadie lo ayude. Solo tenemos dos películas, por eso las vemos muchas veces, esa y *Vampiros en La Habana.* Lo que más me gusta de los vampiros es que aprendo a hablar como ellos y, entonces, Inma se muere de la risa. Y también cuando imito a *Topacio,* la telenovela que vemos juntas en la tarde. Ella siempre me dice "habla venezolano" o "habla como las marchantas del mercado o como los vampiros", y yo lo hago porque soy una "teatrera". A Inma no le importa que yo tenga nueve años y ella veintitrés. Siempre que estamos juntas nos divertimos mucho y también me cuenta sus historias secretas porque sabe que yo no se las digo a nadie como, por ejemplo, que tiene un novio casado pero a ella no le importa porque está muy enamorada, como en la telenovela. Lo ve algunos sábados y domingos, cuando no trabaja en la casa de mi papá, y siempre se pone bien guapa para que él se enamore más. Esas reuniones de mi papá son como la "Eternidad", que es donde vive el Señor Jesús. Esa palabra me la enseñó mi mami y significa que es un lugar donde no hay relojes. Me da susto pensar en la Eternidad porque quiere decir que siempre-siempre-siempre voy a estar viva. Cuando me imagino eso me preocupo y me da mucho miedo. En las reuniones cuando escucho que hablan y hablan y hablan, y veo que nunca se acaban, le pregunto a mi papi que cuándo nos vamos. Él me responde que "ya casi", aunque luego me doy cuenta de que no es verdad porque siguen hablando y hablando y nunca nos vamos. No importa si yo tengo mucho sueño o ganas de llorar, él no me hace caso. A las reuniones casi siempre entramos de día y salimos de noche. Otras veces no me puedo montar al carro del sueño que tengo y casi no puedo caminar. Y también me quedo dormida en el sillón, y cuando me despierto ya es el día siguiente y estoy en la cama de Saulo o en la de Maya porque como no tengo cama, siempre duermo con alguno de los dos. Esas veces me pasa igualito que Okro, el mago que ayuda a Jimán, que desaparece y luego aparece en un lugar diferente. Y eso me gusta porque no me acuerdo de nada. En las reuniones siempre hay "exiliados", "revolucionarios" o "izquierdosos", como dice mi mamá. Algunos viven en México y otros "están en la clan-des-ti-ni-dad". Me encanta esa palabra porque es muy larga y la tengo que pronunciar despacito para no equivocarme. Aunque no sé qué significa, a veces la digo en las casas de mis amigas y los grandes se quedan callados. Como la otra vez que me invitó a su casa Edelvais, una amiguita de los Pumitas, que es un curso de verano de la UNAM bien padre al que nos mete mi papi en vacaciones cuando tiene plata. Su mamá me preguntó que mi papá en qué trabajaba, y yo le dije que era "exiliado" y "asilado político" porque suena muy elegante. Elegante es la palabra favorita de mi mami y también la mía. Yo me asusté cuando ella miró a su esposo y se quedaron callados porque me di cuenta de que esas palabras significan algo malo, pero no sé qué. Edel, como le decíamos de cariño, solo me invitó esa vez a su casa y luego ya no quiso ser mi amiga, por eso lloré mucho. Mi mamá pone una voz diferente cuando pronuncia esas palabras y otras que ahora no me acuerdo. Es muy triste que ella no quiera casi a mi papá solo porque es "izquierdoso" y todas las otras palabras que ya dije. Me da miedo cuando ellos dos están juntos porque siempre pelean y casi siempre lloro cuando escucho gritos. Yo le cuento a Guada eso y se enoja porque dice que los adultos no deben levantar la voz delante de los niños pero a mis papás eso no les importa. Aunque mi mamá no es la que grita, solo le dice a mi papá cosas que lo hacen poner muy bravo.

A las reuniones siempre van Martina, Louise Miller y Ana o "la Anita", como dice Guada. Me gusta decir los nombres con "la" o "el", como "el Jero". Se escucha bonito. Guada me dice siempre "la Cielito", y mi papi a veces me dice "Cielitonga". Eso significa que los dos me quieren mucho. Las tres amigas de mi papá son muy guapas. Martina es mexicana, güera y tiene el pelo chino. Ah, y fuma todo el tiempo, igual que mi papá. Es coqueta, como mi hermanita, Maya, que tiene tres años, y el otro día le dijo a Guada que no iba a sacar la basura en piyama porque la podían ver los vecinos. Casi siempre sonríe, como yo. Las reuniones en su casa de Coyoacán a veces me gustan y otras veces me dan miedo porque su casa es grandota y oscura, y da mucho frío. Pero me gusta el olor, que es igual al de la "gruta" de Oaxaca, una cueva a la que fuimos con Guada y mi papi, donde había "estalactitas" y "estalagmitas", o sea, gotitas de agua salada que caen todos los días durante muchos muchos años hasta que se convierten en piedras que crecen en la tierra y también en el techo. De la casa de Martina lo más bonito es la cocina amarilla y que siempre hay comida, y su cuarto tiene esa cama gigante donde a veces me quedo dormida. Louise Miller es alta y también tiene los ojos azules, y el pelo güero y ondulado, como le gusta a mi mami. Mi papá dice que "es una gringa de las buenas". Ella pronuncia la erre y la ele más fuerte que nosotros y a veces no se sabe algunas palabras en español. Es muy chistosa. Yo le pongo mucha atención para luego hablar como ella, y entonces, Inma, Jero y también mi mami se mueren de la "rrrisa". Se pone unos collares muy grandes y largos, y en su casa hay telas de colores y adornos de muchos lugares del mundo, y también plantas por todas partes. A la que más quiero de todas las amigas de mi papi es a Ana, que es muy cariñosa con todo el mundo y todo el tiempo sonríe, y cuando veo sus ojos me dan ganas de llorar pero no de tristeza, eso no sé explicarlo. Cuando habla y me abraza siento que nada malo me va pasar si estoy con ella. Me gusta su nombre porque se puede leer igual para adelante que para atrás, no como el mío, que tiene tres vocales y dos consonantes, y parece un nombre de hombre porque termina en "o". Lo más bonito de mi nombre es que significa el lugar donde están los ángeles y el Señor Jesús, que nos cuidan todo el tiempo. Me gustan los dientes de Ana, que son grandes y parejitos, y tiene los colmillos un poquito salidos y la hacen ver más linda. Mi hermano, Jero, también tiene colmillos grandes pero no como los de ella. Siempre se pone aretes plateados largos, y tiene el pelo liso y café que se corta como "gitana", eso quiere decir como una mujer que es "diferente" y "que no es el del montón". Eso me lo enseñó mi mami porque cuando tiene dinero va al salón de belleza y pide que le hagan "el corte de gitana". Luego, en la casa se hace rulos para verse más bonita. Mi mami es la más hermosa de todas las mamás y de todas las mujeres que he visto.

Hay otras personas que van a esas reuniones y que luego desaparecen, como Valentina, "la Sardina". Cuando le pregunté a mi papá que por qué si es tan guapa la llamaban así de feo, me explicó que en Colombia les dicen así a las jovencitas, y como ella tiene dieciocho años, es una sardina. Cuando se nos acaba el dinero, mi mamá compra sardinas enlatadas porque son muy "nutritivas", que no sé qué quiere decir pero es algo bueno. Cuando las huelo me dan ganas de vomitar pero me las tengo que comer porque no se puede desperdiciar la comida. Valentina habla como si cantara, y aunque trato de imitarla no puedo. Dice que es "paisa", que no sé qué es. Tiene el pelo hasta la cintura y negro, los ojos brillantes, es bajita como yo, y también usa aretes largos, como Ana, y "bluyines", que son unos pantalones azules muy incómodos que en México se llaman pantalones de mezclilla. Solo la vi dos veces pero siempre me acuerdo de ella. Un día no volvió a las reuniones y nadie me explicó por qué. Eso me hizo sentir triste porque me dio pena preguntarle si quería ser mi amiga, yo sí quería ser la suya. Y Jero me dijo que él quería ser su novio, aunque él apenas tiene quince años, pero le gustan mucho las mujeres mayores y las que son bonitas, como Valentina.

Otra amiga de mi papá, que es muy pero muy guapa, se llama María. Ella no va a las reuniones. La conocí un día en el hospital, que es un lugar donde están las personas que se enferman o a las que les ponen bombas, como a los dos amigos de mi papá que estaban en Colombia y también los querían matar. Yo le escuché decir que una "granada", que es una fruta de semillitas rojas que probé en Puebla y que se les pone encima a los chiles en nogada, explotó en una cafetería y se rompieron las ventanas, entonces se les clavaron los vidrios en el cuerpo y les salía mucha sangre, como a Jesucristo cuando lo clavaron en la cruz. A uno de los amigos también se le dañó un oído y al otro se le destruyó un pedazo de pierna y por eso le tuvieron que poner una de mentiras que se quita cuando va a nuestra casa. Él me da mucho miedo porque además está bien flaco y parece una calaca como las que dibujamos en la escuela el Día de Muertos. Cuando pasó lo de esa explosión, mi papá habló con su amigo Gabo y con "Relaciones Exteriores", que no sé quién es, y entre todos "les salvaron la vida" porque los trajeron a ese hospital en el D. F. donde conocí a María, que era la novia del que me daba miedo. Cuando lo fuimos a visitar, lo estaba cuidando. Ella era muy elegante y hablaba suavecito. Tenía el pelo café, la nariz como la de mi mami, que es derechita, y los ojos verdes bien grandes y bien bonitos, igual que sus aretes.

Yo escucho todo y pongo mucha atención porque me gusta aprender palabras nuevas y a veces pregunto qué significan, aunque otras veces me da pena. Y también me doy cuenta de cosas cuando la gente habla o sonríe. Cuando más cuenta me doy es cuando veo los ojos de las personas que van a las reuniones, pero no se lo digo a nadie, ni a mi mami. Hay personas con los ojos tristes y me acuerdo de que "han vivido cosas horribles", por eso mi mamá no quiere contarme "las historias de los izquierdosos" porque me puedo "traumatizar". Eso significa que después de que me lo cuente a lo mejor me quedo pensando en eso para siempre y siento más miedo. Pero yo le pido que me cuente-que me cuente-que me cuente, por fis-por fis-por fis, y a veces me cuenta algo rapidito pero luego no me deja preguntarle nada. Como cuando le dije que me contara qué le había pasado a Lina María, la mamá de Francisco, el niño de pelo esponjoso que llegó a vivir a un departamento en Emiliano Zapata. Ella tenía los ojos más tristes de todos y hablaba tan bajito que casi no la escuchaba. Un día mi mami me contó que en Colombia "la habían secuestrado y torturado, quitándole los pelitos de allá abajo y clavándole alfileres adentro de las uñas". Yo siempre quiero saber las cosas aunque luego me arrepiento porque cuando me las cuentan o las escucho me imagino todo. Entonces me arde la piel y siento que adentro de la sangre tengo limón con sal. También se me atora algo en la garganta. Eso me pasa cuando algo me hace llorar mucho y luego casi no puedo respirar. No sé explicarlo tan bien porque todavía no me sé tantas palabras, por eso mejor eso tampoco se lo cuento a nadie.

Con esas historias tan tristes a veces me dan pesadillas. Pero hay una que sueño muchas veces y es que hay una piedra gigante que nos quiere aplastar a mi mamá y a mí, igual que el monstruo de *La historia sin fin*, y nos persigue a todas partes aunque corremos y corremos. Y mi mamá se pierde y yo la busco y la busco por todas partes pero no la encuentro. Eso le pasó a otra amiga de mi papá, que no encontraba a su esposo y por eso se vino a México a ver si aquí lo encontraba pero no, porque estaba desaparecido. Cuando sueño eso siempre me despierto sudando y llorando mucho. Y luego sigo llorando despierta porque no se me quita el susto de no encontrar a mi mami. Pero tampoco se lo cuento a nadie. Yo no sé por qué hay personas que hacen cosas tan malas y tan tristes. Eso no me lo explica mi mamá ni tampoco mi papá porque con él no hablo casi. Solo cantamos a veces en el carro y eso me hace sentir contenta. En esas reuniones escucho muchas palabras nuevas, como "guerra de baja intensidad", "operaciones encubiertas", "violaciones a los derechos humanos". No sé qué significan pero cuando las dicen ponen cara de preocupación, igual que cuando se nos acaba el dinero. Me acuerdo cuando vi la película de Jesucristo donde lo maltrataban y le sacaban sangre por todo el cuerpo, como a los amigos de mi papá que están en el hospital. A Jesús se le salían las lágrimas y esa gente le seguía pegando y me dolía aunque no me lo hacían a mí, eso no sé explicarlo tampoco.

Yo tenía tres años y medio, y siempre me acuerdo de esa película porque lloré mucho, y otra vez casi no podía respirar porque yo quería que le dejaran de pegar. Mi mamá me dijo que todo eso había pasado en la vida real pero no me dijo por qué le hacían eso ni por qué le gritaban "traidor", que no sé qué quiere decir. Yo sé que Jesús es muy bueno y ayuda a la gente pobre, como mi papá y sus amigos a los que quieren matar en Colombia. Esas historias las aprendo cuando mi mami me lee la Biblia, y me dan ganas de dormir porque tiene una voz suavecita que parece como si me acariciara. Pero lo que más me hizo llorar de esa película es que Jesús no se podía defender. Y yo vi cuando un señor muy malo le clavaba las puntillas en las manos y en los pies, y me imaginaba lo que sentía y se me ponía la piel chinita. También le escupían y le habían puesto una corona de espinas que le hacía salir más sangre de la cabeza, y luego un soldado le clavaba un cuchillo bien cerquita del corazón. Después de eso lo dejaron ahí tres días hasta que se murió, igual que a otros dos señores que eran sus amigos. Eso es peor que la pesadilla del monstruo que ya conté. A mí me da mucho miedo que les pasen cosas así a mi mamá, a mi papá o a sus compañeros. También escucho decir en las reuniones que todos se escaparon de Colombia y que aquí en México los ayudaron para que no los "siguieran torturando y masacrando", que no sé qué es. Mi mamá me contó que, antes de venir al D. F., los señores del "ejército", que tienen uniformes y pistolas como los policías, entraron en nuestra casa de Bogotá y se llevaron unas cosas de mi papá, y como lo querían meter en la cárcel nunca más pudimos regresar a nuestra casa. Eso no está bien porque yo ya sé que para agarrar las cosas de otras personas y entrar en las casas hay que pedir permiso, como me enseñó Celina. Dios salvó a mi papi porque se había ido a otra ciudad a "dictar una conferencia", que quiere decir hablar con muchas personas. Mi mami dice que si lo encuentran en la casa a lo mejor hubiera desaparecido y nosotros también. Por eso para que Dios nos cuide todos los días hay que orar y portarnos bien porque, además, la cárcel es muy triste. Nadie puede salir a la calle y todas las mujeres duermen en literas en unos cuartitos chiquitos y como no tienen puertas ponen unas telas. Yo he ido como dos o cuatro veces con mi mami a visitar a las colombianas que están presas aquí en el D. F. Unas tienen a sus bebés en la guardería de la cárcel hasta que cumplen tres años y luego se los tienen que entregar a las abuelas o a otras personas para que los cuiden hasta que ellas salgan. Cuando nos dijeron eso yo abracé a mi mami muy fuerte porque nunca quiero volver a separarme de ella. Ni que nos mande a vivir a Cartagena porque aunque mis abuelos y mis tías nos querían mucho y nos cuidaban, yo tenía dos años y quería estar con mi mamá, por eso le decía a mi madrina Violeta "me duele mi tristeza". Eso me lo contó ella un día y me dieron muchas ganas de llorar otra vez. Entonces, en Colombia los compañeros de mi papi se dieron cuenta de que el ejército había entrado a nuestra casa de Bogotá, y lo llamaron para que no regresara y lo ayudaron a esconderse. Después mi papá llamó a mi abuelo para que lo ayudara, y él le dijo que se fuera rapidito a la "Embajada de México", que es un lugar donde protegen a las personas. Luego, nos fuimos a despedir de él antes de que se montara en el avión y se viniera al D. F. Y nos escondimos en la finca que ya dije para que no nos hicieran nada malo. Hay una foto de ese día en la Embajada que está en mi álbum, y yo siempre la veo y le digo a mi mami que me cuente la historia. Estamos ella, Jero y yo abrazados con mi papi. La hermana mayor de mi mamá, que se llama la tía Nani, tomó la foto y, como lloraba tanto, le preguntaron si ella era la esposa porque mi mamá no estaba triste, estaba feliz porque ahora que mi papá se iba a México, ella iba a ser libre otra vez. A ella le choca que la manden.

Yo escuché a mi papá decir que "el gobierno mexicano nos cuidaba" porque cuando él llegó al D. F. solito, una persona que trabajaba con el presidente entró al avión y lo llevó en "un carro oficial", que no sé qué quiere decir, a un hotel donde había otros colombianos y le dijo que podía vivir ahí hasta que encontrara trabajo, y que lo iban a "proteger". Y por eso mi mamá dice que México "está plagado de exiliados", porque cuando alguien en Colombia le pide a mi papá que le ayude, él llama a Relaciones Exteriores, y a veces llama a su otro amigo que se llama Gabo y que ya dije que escribe libros, y entre todos ayudan a más personas para que vengan a México y no los maten en Colombia. Mi mamá también ayuda a la gente que se siente triste y "desesperada" hablándoles de Dios, como a las colombianas de la cárcel. Y yo les ayudo a mis compañeritas del colegio a hacer las tareas porque siempre me saco dieces y nueves. *[Quisiera saber y saber, y devolver el tiempo para preguntarte tantas cosas que ya nunca podrás contarme… Quisiera adentrarme más en los confines de ese pasado tan convulso y, al mismo tiempo, tan vital y luminoso].* México nos salvó, nos abrazó para siempre. Nos dio patria y arraigo, una identidad temporal que, paradójicamente, fue definitiva y esencial. México se nos metió en el alma, en la sangre y las entrañas. Y, al mismo tiempo, lo sabría reconstruyendo los vestigios de estas memorias, fue testigo de cada uno de nuestros pasos. *[¿Cómo saber si al vigilarte a ti, igual que a tantxs exiliadxs del Cono Sur, también nos vigilaban a nosotrxs, lxs niñxs? ¿Dónde podré hallar huellas de esos registros, si es que existieron? ¿Habrá que hacer un duelo por lo que sucedió aquí y allá, allá y aquí, adentro, en el alma? ¿Cuál es mi lugar de enunciación en esta historia? ¿Soy exiliada, perseguida, las dos al mismo tiempo o, más bien, un "daño colateral", como tantxs otrxs niñxs —ahora adultxs, incluso abuelxs— que nunca han podido hablar de lo sucedido? La inteligencia mexicana, ¿tendrá fotos mías —nuestras— en El Parnaso o en la Gandhi, saliendo del colegio, con lxs otrxs hijxs del exilio, esperando en el metro Miguel Ángel de Quevedo o en la iglesia, comiendo helado en el Danesa 33, corriendo por Coyoacán, en el cementerio celebrando el Día de Muertos o bailando en la Casa Colombia? ¿Habrá grabaciones de las llamadas a mis amigas, de mi llanto pidiéndote consuelo, de los reclamos de mi madre por no haber ido a la presentación del colegio o por no ayudar a contener a mi hermano adolescente?].* "La vida de lxs otrxs" como campo de batalla. La vida y la intimidad de lxs otrxs invadidas por quién sabe quién. El absurdo de la guerra y del ejercicio de un poder que no conoce límites. ¿Cuántos esfuerzos y recursos invierte un Estado que durante décadas acoge a la intelectualidad revolucionaria de un subcontinente y, *a la vez, la vigila para inventar qué cosa? ¿Actuaba solo el gobierno mexicano o había otros gobiernos aliados? Aunque, por otro lado, ¿cómo no hacerlo? ¿En qué medida puede una democracia [¿democracia?] justificar los seguimientos a personas sin condenas? [¿Éramos tan peligrosxs? ¿Mi cuerpo se sabía vigilado, perseguido? ¿Cómo descubrir si esta (omnipresente e insoportable) sensación de que me observan en la calle y me escuchan en la casa viene de aquel entonces? A pesar de todo esto y de lo que ya no podré contar, de lo que ha "desaparecido" en los recovecos del subconsciente, yo sigo queriendo entender y saber si todas estas preguntas se fundamentan en algo real o si "solo" hacen parte de las secuelas que deja la guerra en la psique de lxs niñxs. ¿Cuántos cuerpos ya maduros, como el mío, hay por ahí haciéndose las mismas preguntas?].*

Algo que nunca le pregunto a mi papi es cuándo vamos a poder ir a Cartagena, a Bogotá a Cali y a Villabo a ver a los abuelos, a los tíos y a los primos porque yo los extraño mucho y quisiera jugar con ellos. Tampoco le pregunto por qué solo quieren matarlo a él y a sus amigos, y no a los papás de mis amigas ni a los mexicanos. Se me olvidó decir que en las reuniones a las que nos lleva siempre hay mucha gente que se parece porque usan pantalones de mezclilla, suéteres con un cuello hasta arriba y algunos con rayas de colores, como los que tejemos con mi mami para las barbis y para mi bebé de mentiritas, que se llama Abraham. También usan zapatos con la suela de goma, como los de mi colegio, que son mis preferidos porque se siente suavecito cuando pisas. Los hombres tienen barba o bigote que pica cuando me saludan. Las mujeres y algunos hombres tienen el pelo largo y suelto, como a mí me gusta, y nadie tiene esos peinados tiesos con gel, como los que me hace mi mamá y que me hacen llorar todas las mañanas, y aunque peleo y grito y nos ponemos bravas, ella sigue peinándome igual todos los días, "sin que se te mueva un pelo", me dice. A ella le gusta así porque así se lo enseñaron las monjas y su mamá, que ya dije que eran muy estrictas. Y también porque así se peinan las princesas. *[Maldito patriarcado. Cuánto dolor absurdo e innecesario].* Lo peor de esos peinados es que me hacen ver los ojos de chinita, y cuando llego del colegio y me los quito, me duele toda la cabeza, que siempre hay que lavarse bien para que huela rico. Como me duele tanto-tanto, no puedo tocármelo hasta que se me va quitando de a poquito. Cuando sea grande no me voy a peinar nunca, como las amigas de mi papá que hablan mucho, fuman mucho, muchas horas y son libres, como las gitanas.

Ya dije que todas las reuniones son igual de aburridas y se tardan demasiado. Pero hubo una diferente que siempre voy a recordar. Eran como las nueve o diez de la noche y mi papi me dijo que lo acompañara. Yo tenía sueño pero siempre le digo que sí. Además, me encanta ir de noche en el carro porque él pone música y yo veo las lucecitas de los edificios y de las casas. También me gusta cuando llueve porque todo está mojado y parece que la calle estuviera pintada de colores. Abro la ventana para oler la lluvia y para que las gotitas me mojen la cara, aunque no mucho porque me puedo enfermar. Me encanta cuando vamos rápido porque siento algo en el estómago, igual que cuando me subo a la montaña rusa de Reino Aventura.

Siempre voy leyendo los anuncios que hay en los techos de las casas y de los edificios y los nombres de las tiendas, pero a veces es difícil porque si mi papá pone primera–segunda–tercera–cuarta, como le enseñó a Jero, pasamos muy rápido y no alcanzo. Apenas estoy aprendiendo a leer de corrido, pero pongo mucha atención. Si voy sola con mi papi le pregunto qué significan las palabras nuevas. Y si va con algún amigo, siempre hablando y fumando, trato de aprendérmelas, y luego en la casa le pregunto a él o a mi mami. El otro día me inventé un juego, como los que hacen en *El tesoro del saber*, que es un programa donde te enseñan el abecedario y más cosas. Si no alcanzo a leer los letreros de seguido algo malo puede pasar, por eso tengo que "esforzarme", como dice la Biblia. Y por eso ahora leo más palabras aunque el carro vaya rápido. También me gusta aprenderme los comerciales de la tele. Los canto, los repito muchas veces y los bailo. Como el de "pa–pa–pa–pa–letas, pa–pa–pa–pa–yaso. Sabor redondito, divertido, con suave malvavisco, auténtico chocolate con ojos y boca de gomitas. Rico chocolate, Ricolino" o el de "Échale conejo a tu mañana, con Quik sabor a chocolate. Échale conejo, cada mañana serás más grandeee". Mi mamá se ríe cuando me escucha y siempre dice que tengo "muy buena memoria". Eso es porque repito las cosas muchas veces y porque me encanta aprender palabras nuevas, bailarlas y cantarlas, juntarlas con otras y descubrir qué significan para coleccionarlas, aunque ya dije que mis preferidas son las raras, como "lúgubre", que me aprendí el otro día en el metro con mi mami. Esa se utiliza cuando algo se siente triste y es de color oscuro, como una persona a la que se le murió alguien y se pone ropa negra. Esa noche mi papi me llevó a la reunión porque a él no le gusta estar solo. Llegamos a una casa muy elegante con un jardín grande que tenía pasto y el piso era de piedras, como el de San Miguel de Allende, a donde nos llevó mi mami cuando trabajaba en el CEMLA, y a donde yo me quería quedar a vivir de lo bonito que era. Lo malo es que con esas piedras de la calle es muy difícil caminar, y cada vez que las piso se me clavan en la suela y siento un dolor amarillo en los pies que se sube por las piernas, pero me aguanto las ganas de llorar. *[Aguantar tantas veces el llanto, esconder la tristeza, acallar el dolor como si fuera un mandato divino. ¿Por qué? ¿Para qué? ¿Quién lo estipuló?]*. Una señora abrió la puerta de la casa y nos llevó a un cuarto lleno de libros con unos sofás muy grandes y acolchonados que olían a cuero, como mis botas blancas. Había un escritorio cerca de una ventana muy grande con vitrales, y me acordé de los que pinta mi mami en sus clases de Coyoacán. Luego entró un señor con lentes y traje, con poquito pelo pero peinado con gel. No tenía barba ni bigote. A mí me cuesta trabajo adivinar cuántos años tiene la gente grande, pero yo creo que como cuarenta o cincuenta. Es diferente cuando tienen el pelo blanco porque ya sé que es un abuelo, como Dios, que nos mira desde el cielo y sabe todo lo que hacemos. Mi papá y ese señor se sentaron y, como siempre en las reuniones, empezaron a hablar. Yo estaba en una esquina del sofá, calladita. Cuando mi papá habla con sus compañeros pongo mucha atención a los enunciados, al sujeto y al predicado, como me enseñó *miss* Yola.

Pero solo me sé algunas palabras y otras no y, como hablan tan rápido, nunca entiendo todo lo que dicen, por eso a veces me aburro y me quedo dormida. Yo creo que cuando la *miss* venga a una reunión con mi papá puede hacer una lista para el dictado de los lunes porque seguro que ella tampoco se sabe tantas palabras. Esta reunión casi no se tardó y me puse muy contenta porque nos íbamos a ir rapidito a la casa. Cuando mi papá se despidió dijo "gracias, expresidente". Yo me asusté porque me di cuenta de que ese señor era muy importante, y también me despedí, como me enseñó mi mami. Él me miró y me dio pena porque a mí no me gusta que me miren los adultos. Luego me dijo que todavía no me fuera. Cogió de su biblioteca gigante dos libros que yo creo que son los más grandes del mundo y también son tan pesados como todos los días que tengo que esperar para mi cumpleaños. Cuando me los dio casi no podía agarrarlos, por eso mi papi me ayudó. El expresidente me dijo "estos diccionarios son un regalo por haberte portado tan bien". Nunca nadie me había dado un regalo así de grande y de importante, además donde puedo buscar todas las palabras que quiera. También me sentí feliz porque un adulto se dio cuenta de yo no era como Gasparín, que nadie lo ve. *A pesar del recuerdo entrañable que guardo de este expresidente, supe que en 2006 fue acusado y arrestado por genocidio y desaparición forzada de personas, esencialmente estudiantes, sindicalistas y comunistas, en hechos sucedidos unos quince años antes de esa visita. Esta decisión de la justicia mexicana fue un hito en la historia nacional. También se dijo que había colaborado con la* CIA. *[¿Qué fuimos a hacer a esa casa, papi?*

¿De qué pudo haber hablado con tanta cortesía un revolucionario de izquierda con un representante del statu quo *mexicano, además, anticomunista? ¿Por qué me regaló esos diccionarios? ¿Qué fraguabas, papi? ¿Nos habremos metido en la boca del lobo? ¿Qué me invento, ahora, para aliviar esta sensación de vacío que me inunda cuando intento armar un rompecabezas al que le faltan tantas piezas? ¿Qué hago ahora con todo esto que quisiera saber y que también hace parte de mi historia si ya no estás para contármelo?].*

Las reuniones a las que me lleva mi papá, y que nunca se acaban, las hace siempre con sus "compañeros". Esa es otra palabra que escucho todo el tiempo y que significa muchas cosas. Compañeros pueden ser las personas que viven juntas como si estuvieran casadas, como él y Guada. Los que tienen hijos también son compañeros, como Alfonso y Daniela, que tienen a Yago y a Lola, y que mi papá les ayudó a escaparse de Colombia. También las personas con las que se encuentra en el Vips, en la UNAM o en la casa de Martina y de Louise Miller son compañeros. El otro día alguien me explicó que esa palabra quiere decir "los que comparten el pan", y se inventó cuando los seres humanos caminaban días, meses y años hasta llegar al lugar donde podían quedarse a vivir.

3

La madre, la vida

Con mi mamá siempre hay muchas aventuras. A ella le gusta que todos los días nos pasen cosas que ni siquiera nos imaginamos, como si estuviéramos en una película. El otro día fuimos a comer al mercado de Luz Saviñón y un hombre se sentó con nosotras en la misma mesa y le preguntó que por qué una señora tan elegante estaba en un lugar como ese. Ella empezó a hablar como Louise Miller y le dijo que "erra extrranjerra, y gustar conocerr cómo vivirr mecsicans en vida rriaul, por eso venirr a lugars popiulars como mercadou". Yo la miré con los ojos bien abiertos para que dejara de hacer eso y para que no dijera mentiras, pero ella seguía hablando así y no me hacía caso. Y movía como presumida el pelo y las manos, igual que Lucerito, que es una cantante muy bonita. También le dijo que estábamos en el hotel María Isabel Sheraton, cerca del Ángel de la Independencia. Eso es porque ahí se quedan mi abuelo y mi abuela con las tías Gabriela, Ivana y Manuela cuando vienen a visitarnos al D. F. Ellas son las hermanas de mi papá y también son muy elegantes, por eso viajan a muchos países, y a veces vienen a México y se quedan en ese hotel solas o con sus hijos, que son mis primos. El otro día que vinieron fuimos a un restaurante que se llama Los Siete Locos, y es muy divertido porque todo lo que hay ahí da risa, hasta los meseros que están disfrazados. Lo que más me gusta del María Isabel es que huele rico, tiene una maquinita que hace cubitos de hielo y nos los comemos con mis primos. Lo mejor es que siempre está muy ordenado y limpio, aunque un día vi a un mesero del restaurante que le quitó un jugo de tomate a un señor que no se lo había acabado y luego le puso más jugo y se lo llevó a otro señor en el mismo vaso. Y mi mami siempre dice que la baba tiene microbios y nos podemos enfermar de gusanos en la panza o de gripa, por eso no se puede tomar del mismo vaso ni de la misma cantimplora. Me dio pena acusarlo con mi papá o con mis tías porque luego lo iban a regañar y a mí no me gusta que regañen. Mi mamá siguió hablando como gringa con ese señor en el mercado pero, entonces, me volteó a ver y me preguntó que si me gustaba el D. F. Me preocupé mucho porque yo no quería hablar, pero también me hice la gringa porque "no me quedó de otra". Así dijo mi amiga Tania en la kermés del Instituto Juárez, cuando la jueza Marcela, del Registro Civil que pusieron los de sexto, me preguntó que por qué me quería casar con Emilio Uribia, que era su hijo y el mejor amigo de Jero, o sea que también me llevaba cinco años. Siempre hay que decir la verdad, eso me lo enseñó mi mami, y la verdad es que no me quedó de otra porque ese día que llegué al colegio con mi mamá estaba "como una princesa", con mi vestido preferido, que es uno morado de estraples de mis primas Irene y Juliana, a las que quiero mucho porque siempre me mandan muchas cosas lindas de Cartagena que ya no les quedan. Entonces Emilio me vio entrar, me agarró la mano y me llevó al Registro Civil a que su mamá nos casara. Pero no me preguntó si yo quería o no. Como soy muy tímida me dio pena decirle que él no me gustaba. Por eso me quedé callada. Además, mi mamá se había peleado con la suya en una reunión de padres de familia porque la descubrió quedándose con el dinero que les pedían a los niños, en vez de comprarles lo que necesitaban, y la acusó con la directora porque robar está muy mal. Entonces esa vez Marcela le dijo a mi mamá que la iba a "deportar" porque ella tenía "amigos muy poderosos", eso quiere decir que la iban a devolver a Colombia y que nunca más iba a poder venir a México. Pero mi mamá la miró con sus ojos verdes, que abre bien grandes cuando se pone furiosa, y le dijo que no le tenía miedo, que hiciera lo que quisiera. Eso fue otro día, antes de la kermés. Por eso cuando Emilio dijo que se quería casar conmigo porque estaba enamorado de mí, a la jueza Marcela tampoco le quedó de otra, y nos tuvo que casar. Mi mamá se rio y dijo "¡qué ironías las de la vida!", eso significa que a veces pasan cosas que no nos imaginamos. Ese dicho es colombiano y siempre lo repite. Eso fue cuando yo era chiquita y tenía seis años. Ahora tengo diez y todavía me acuerdo porque después me arrepentí de no haberle dicho que no me quería casar. Igual que ese día de la kermés me pasó con el señor que se sentó en nuestra mesa del mercado porque tampoco me quedó de otra y tuve que decir mentiras para que no descubriera todo lo que mi mamá se había inventado. Yo creo que ese hombre se enamoró de mi mamá porque en la calle todos la miran y le dicen muchos "piropos", pero a ella no le importa lo que le dicen, ni les hace caso, ni tampoco les da las gracias, ni sonríe, ni nada. Solo camina como si fuera Miss Colombia, que es un concurso de mujeres muy guapas que caminan derechito como si tuvieran un libro en la cabeza. Cuando terminó de comer, el señor se fue y nos reímos muchísimo, igual que cuando en la privada de General Anaya con nuestros amiguitos tocábamos los timbres de las casas y nos escondíamos, y luego la gente salía a ver quién era y no había nadie. Esas risas nos hacían doler el estómago. Cuando mi mamá hace esas cosas siempre dice que "se va a mojar de la risa", y cruza las piernas para no hacerse pipí. También dice que eso que nos inventamos es "diversión barata" porque nosotras "no podemos mentir", y me repite muchas veces que siempre-siempre-siempre tenemos que decir la verdad, aunque nos dé miedo o aunque a algunas personas "no les guste escucharla", o sea que se pongan bravas. Eso no lo entiendo porque si decir la verdad es algo bueno, ¿por qué las personas se enojan? Ella responde que es porque "a nadie le gusta que le digan sus verdades", pero no sé qué significa eso.

Mi mamá hace muchas travesuras como esa de ser otra persona y hablar como si fuera de otro país, y siempre que le preguntan que de dónde es responde "soy internacional" y, otras veces, "soy ciudadana del mundo". Eso quiere decir que es de muchos lugares, aunque yo no entiendo qué significa ser de un lugar porque a mí siempre que me preguntan digo que soy colombiana pero solo he vivido tres años en Colombia y no me acuerdo de eso. Algunas veces también dice que es de San Luis Potosí, otras que es francesa, y otras de los Llanos Orientales, que es un lugar muy bonito en Colombia donde vive el tío Adrián, que es uno de sus hermanos, y es tan guapo que "parece un actor de cine". Cuando nos subimos a un taxi y el chofer le pregunta a mi mamá que de dónde es, ella contesta "soy del primer país de Suramérica" o "nací donde hay muchas esmeraldas" o "soy de donde se produce el mejor café del mundo", como si estuviéramos en el concurso de Chabelo, que me encanta ver los domingos bien tempranito cuando ella y Jero están durmiendo. Si el chofer no adivina la respuesta, ella le dice que tiene que leer, que "hay que salir de la ignorancia" y que "debe aprovechar que en este país la educación es gratis para que estudie". A mí me da pena que ella regañe a los taxistas solo porque ninguno sabe la respuesta. Yo creo que sería mejor si dice "soy de Colombia", y ya, pero ella es feliz enseñándole cosas nuevas a todo el mundo y por eso se porta como si fuera una profesora. *[Una mujer en un mundo de hombres, que les enseña, que los confronta con su propia ignorancia. Una mujer que lucha contra las injusticias, que camina confiada por la vida a pesar de no tener más certezas que su fe en que "todo obra para bien a quienes aman a Dios". La práctica del bien y de la verdad a toda costa, del amor, la ternura y el servicio al prójimo, ¿puede haber algo más poderoso y subversivo que todo eso junto? ¿A través de qué mecanismos se ha intentado acallar a las mujeres y a quienes, a pesar de lo que sea, no saben vivir de otra manera que aferradxs a la esperanza?].*

Cuando mi mamá habla, repite "enunciados" que ya me sé de memoria. Me gusta esa palabra. Suena elegante. Ya dije que "elegante" es nuestra palabra favorita de mi mami y mía y por eso la usamos todo el tiempo, y otras raras que están en la Biblia, como "arrepentimiento", "misericordia" o "humildad", que ya sé qué significan. La que no sé es "con-cu-pis-cen-cia", que es muy difícil de pronunciar, igual que "am-nis-tía", que la dice mi papá en sus reuniones pero tampoco sé qué quiere decir. Ella siempre repite "¡que viva la restauración de las cosas y de las almas!", y alza las manos, igual que cuando canta en la iglesia. Eso quiere decir que se siente feliz porque arregla algo que está dañado o porque ayuda a la gente que está triste y que "ya no quiere vivir". Para "restaurar a las personas", primero le cuentan a mi mamá lo que les duele porque ella es "médica del alma", que no sé qué quiere decir. Luego les agarra la mano, leen un versículo de la Biblia que está en Romanos 10:9, se arrodillan y de últimas hacen una oración que tienen que repetir juntas, y que también me sé de memoria. Es la misma que ella hizo cuando tenía 33 años y Jero era muy chiquito y yo no había nacido. Me contó que se sentía "muy desgraciada", eso quiere decir sentirse muy-muy triste porque le habían pasado cosas horribles con mi papá y en el Museo del Oro. Cuando estaba embarazada de Jero, la abuela Aurora le dijo a la familia que solo la podían visitar si se casaba con mi papá. Y también la despidieron de su trabajo porque era una "personanograta", y otras cosas que no quiero contar porque me dan ganas de llorar. Aunque luego ya la perdonaron. Pero a mi papá no le pasó nada, solo a ella. Eso es injusto. Como él no estaba tan enamorado de mi mamá, y además era de Cartagena y ella de Bogotá, peleaban mucho. Y él tenía otras novias porque era muy "mujeriego como buen costeño". Eso dice siempre mi mami, o sea que era como Diego Rivera que hacía llorar a Frida Kahlo. Entonces cuando Jero tenía cuatro años, ella "tomaba trago y quería tirarse por un balcón". Lo bueno es que un día Rosita, la vecina de abajo, le habló de Jesús y las dos hicieron esa oración, y ese fue su "nuevo nacimiento". Eso quiere decir que empezó a sentirse feliz porque ahora tenía un nuevo papá, que es Dios, y que la iba a cuidar y a ayudar en todo. Entonces le pidió que yo "viniera al mundo a cumplir una misión" que, siempre me lo repite y me lo repite, es traer a mi papá "al camino del Señor", o sea, que él haga esa "oración de restauración" para que se vuelva cristiano, como nosotras, y que todo le salga bien. Ella dice que cuando eso pase vamos a volver a estar los cuatro juntos. También me repite mil veces que como fui "pedida a Dios" soy "perfecta", y soy "un ángel", pero a mí me mortifica que me diga eso. Ah, y que cuando nací todo fue muy hermoso y nos dieron muchos regalos a las dos. Hizo la lista, como la que nos dan cuando empezamos el año en la escuela, y la pegó en mi álbum, junto con cartas que ella me escribió y con muchos letreros para que sepamos la fecha de las fotos y de las ciudades. Por ejemplo: Bogotá, mayo de 1949. Bagazal, abril de 1954.

Cali, diciembre de 1972. Cartagena, septiembre de 1978. Chía, junio de 1980. México, D. F., febrero de 1983, y así. A mí me encanta ver mi álbum porque le pregunto a mi mami cosas de Colombia y ella me cuenta las historias de cuando también era niña como, por ejemplo, las veces que se iban a "veranear a las afueras de Bogotá", eso quiere decir de vacaciones. Como la familia de primos y tíos era tan grande iban todos en un vagón del tren. Muchas veces se quedaban en las fincas que tenía el agüelo Tomi desde que ella era chiquita hasta que creció, y se llamaban igual que los países, "Portugal", "Varsovia" y "Alemania", y también "Las Margaritas" y "La majayura", que significa "mujer bonita" en un idioma indígena de Colombia, que es el "guayunaiqui", o algo así. Como ella es "salvaje", eso significa que nada le da miedo, en esos veraneos ella y sus hermanos se subían a las ovejas que corrían mucho-mucho, y para no caerse se agarraban bien duro de la lana hasta que llegaban a un lugar donde había tractores y montañas de paja donde se tiraban. Pero lo que más le gustaba era montar a caballo, que es su animal preferido. El de Jero es el perro, como Miel, que era una coli bien peludita y cariñosa que tenía en casa de mi papá pero que un día se desapareció. Hay una foto de mi mami en bikini, cuando tenía diecisiete o dieciséis años, en la finca que se llamaba "La isla del sol", en Girardó, que es un pueblo donde estaba el Club Unión y ahí se escapaban a bailar con los primos. También tengo una foto de esos bailes en mi álbum. Pero la del bikini fue cuando una prima de mi mami la convenció de que se compraran uno. Y cuando las tías y sus papás las vieron "se escandalizaron", eso quiere decir que les pareció muy "vulgar" porque era como si estuvieran "casi desnudas". Además, en la familia nunca se habían puesto bikini, solo ellas dos. Como a mi mami le encantaba ser diferente no le importó. Nada más le importaba lo que dijera su papá pero él nunca le decía nada porque era su preferida. Además ella era bien cariñosa con él y le ayudaba siempre. Como la vez que Moisés, así se llamaba el mayordomo de la finca, llamó a la casa del agüelo a decirle que no habían pasado a recoger las "cantinas" y se iba a dañar toda la leche que habían ordeñado ese día. Como el agüelo no estaba pero mi mamá sí, se preocupó mucho y, aunque casi no sabía manejar porque tenía como catorce o quince años, se subió al Plimud 48 gris que está en otra foto de mi álbum y se fue a recoger la leche con el primo Yiyo, que era más chiquito que ella pero sabía lo de primera-segunda-tercera. Entonces llegaron a la finca, recogieron las cantinas, las llevaron a un lugar bien lejos y después se devolvieron a la casa. Y no se estrellaron aunque la calle estaba llena de camiones y de "zorras", que son unos carros de madera con caballos que hay en Bogotá. Por eso mi abuelo quería tanto a mi mami porque ella desde chiquita es muy valiente y le gustan las aventuras. También hay una foto de un novio que tuvo, que se llamaba Enriquito Martínez. Era su primo segundo y la abuela Aurora quería que se casaran. Pero a mi mami no le gustaba porque era "muy simplón" y "no le aportaba nada", eso significa que se aburría con él. Además hacía todo lo que mi mamá quería y a ella le choca la gente "sin criterio que se deja mangonear", que no sé qué quiere decir pero es algo muy malo. Como ella lo trataba mal, después Dios la castigó porque tuvo otro novio que le "rompió el corazón", o sea que la hizo llorar mucho. También hay una foto de él. Se llamaba Hashim Maroun. Había nacido en un país donde hablan árabe, que no me acuerdo cuál es, y por eso le costaba pronunciar bien las palabras. Tenía unos ojos grandes y verdes, con pestañas bien largas. Y era un "jayanazo", o sea, altotote, como los abuelos de mi mamá, y bien guapo. A mi mami le encantaba que fuera de otro país, y también generoso y "diferente al resto". Aunque estaban muy enamorados, cuando Hashim se enteró de que mi agüelo Tomi "se había arruinado", o sea que ya no tenía fincas con vacas y ovejas, se fue con la hija de un señor que era dueño de un almacén de carros. A ella "le dolió hasta el alma". Entonces tuvo que entrar a trabajar a Cicolac, y luego al Banco de la República, y ahí conoció a mi papá. Él tenía una novia que también le partió el corazón porque cuando ganó el segundo puesto en el concurso de Miss Colombia se enamoró de otro señor más rico que mi papi, y se fue con él. Por eso él también lloraba mucho. Entonces, mi papá y mi mamá se conocieron en la cafetería del Banco. Ella dice que mi papi parecía un profesor flaquito, con gafas y siempre tenía "un libro debajo del brazo", entonces pensó "él me va a enseñar muchas cosas", porque a ella le encantaba leer y estudiar pero ahora tenía que trabajar para ayudar a su familia. Y a mi papá la que más le gustó de todas fue mi mamá porque era la más linda y "atrevida" del Banco. Como cuando cambió la moda de los uniformes sin preguntarle a nadie porque eran unos vestidos con botones y manga larga muy aburridos. Ella le dijo a la modista que lo cortara para que se volviera minifalda, que le hiciera la manga corta y le pusiera "cremallera" en vez de los botones. Eso "fue un éxito", como le gusta decir siempre cuando algo es muy bueno, y todas las mujeres hicieron lo mismo que ella, ah, y también se cortaron el pelo como gitanas. Mi mami le dijo al "gerente", que era el jefe más importante, que ya no quería ser secretaria porque, aunque las monjas le habían enseñado "taquigrafía" que es un idioma secreto de palitos y bolitas que significan palabras, y sabía escribir a máquina bien rápido sin mirar las teclas, detestaba ese trabajo. Por eso, cuando conoció a mi papi, era guía del Museo del Oro. Y también estudiaba Antropología en la Universidad Nacional, inglés en el Colombo Americano y pintura en la Universidad de Los Andes con un pintor muy famoso, aunque ya no me acuerdo si eso fue antes o después. Mi papá era un jefe muy importante del Banco que descubrió a personas famosas haciendo cosas muy malas porque él es muy inteligente. Entonces un día un señor fue a su oficina y le entregó un cheque de verdad, no como los de mentiritas que mi mami me compra en la papelería, y le dijo que pusiera los números que él quisiera. Pero él lo partió y le dijo "usted no tiene plata para comprarme porque yo no estoy en venta". Eso me lo contó mi mami y por eso también se enamoró de mi papi. Un día se fueron juntos en bus al Tolima, que es un lugar en Colombia donde viven indígenas, para ayudarles porque las personas ricas les habían quitado sus tierras. Eso ya lo dije. Entonces se hicieron novios y mi mami "quedó preñada" de Jero. A ella le gusta decir así aunque a mí me choca esa palabra, igual que "sobaco" porque las dos suenan horrible. Cuando Jero nació era "la adoración de los papitos", pero cuando llegué yo, él tenía cinco años y "lo destroné". Esa historia siempre la repite pero no me gusta porque pienso que Jero ya no me va a querer. Yo quiero que él esté feliz siempre, como cuando juega con sus amigos, cuando ve en la tele sus partidos de beisbol y de futbol americano o cuando vamos a jugar en las maquinitas de la farmacia Pac-Man, Contra o Pol Posishion, que es un juego de carreras.

De las cosas favoritas de mi mamá son los milagros. Muchas veces nos quedamos sin dinero pero ella nunca se preocupa. Yo sí. Me dice que siempre hay que "visualizar" lo que queremos y "tener fe" porque entonces "el Señor nos concede los deseos de nuestro corazón". Y cuando somos buenas, decimos la verdad y visualizamos las cosas, entonces vienen los milagros. Eso es verdad porque una vez, cuando vivíamos donde Celina, nos levantamos y no había nada para desayunar, solo Nescafé y sal. Tampoco teníamos dinero, solo el boleto del metro. Mi mamá me dijo que no me preocupara, que ese día "íbamos a ver un milagro". Así que nos vestimos bien bonitas y nos fuimos a la Sociedad Bíblica a hablar con un señor que tenía una oficina grande, con un sillón beichecito con anaranjado y café. Mi mamá le dijo que quería trabajar ahí. Yo me quedé sentada a su lado, calladita, escuchando, como hago siempre que estoy con los grandes. Hablaron y hablaron pero solo entendí que no se podía. Me preocupé mucho y me dieron muchas ganas de llorar. Cuando terminaron de hablar, ese señor abrió su billetera y me dio el billete más grande de todos, que es el de cinco mil pesos, y adelante tiene pintadas las caras de los Niños Héroes y atrás el dibujo del Palacio de Chapultepec, a donde vamos a veces con mi mamá y con Jero, y donde hay un zoológico con un oso panda de verdad, como el peluche que me regaló mi papi cuando llegamos a vivir a México. En la clase de Sociales nos contaron que Juan Escutia, uno de los Niños Héroes que está en ese billete, se envolvió en la bandera y se tiró al precipicio cuando los franceses llegaron al Palacio de Chapultepec porque querían quedarse con México. A los otros Niños Héroes los mataron. Esas historias que nos enseñan en el colegio son muy pero muy tristes. Siempre hay guerras, peleas y matan a mucha gente, o la "sacrifican" en las pirámides como "ofrenda" para los dioses, igual que los animales en la Biblia, que les sale mucha sangre y eso le gusta a Dios. No lo entiendo. Cuando las escucho me impresiono porque me imagino todo y después ya no se me olvida. Por eso a veces también tengo pesadillas. Entonces, cuando vi ese billetote de cinco mil pesos me puse muy feliz, y más cuando desayunamos atole y tamales en el puesto de la esquina de la Sociedad Bíblica. Luego fuimos a comprar comida al ISSSTE, que es un supermercado bien grande. Siempre que nos pasan estas cosas, ella me dice "¿viste, Cielito, cómo se manifiesta la gloria de Dios?". *No es que mi madre inventara un mundo de fantasía para evitarme el sufrimiento. Ella, cual experimentada bruja o mujer sabia, con la más firme convicción creaba su realidad y me la entregaba sin filtros para que* yo también, en medio de las adversidades, aprendiera a desarrollar la capacidad de "ver más allá de lo evidente", confiando siempre en un poder superior. Su forma de vivir, osada para unxs, irresponsable para otrxs [¿quién tiene la fórmula ideal de la crianza? ¿No somos todxs un amasijo de traumas ambulantes?], me confrontó desde muy niña con la crudeza de la vida, con la incertidumbre cotidiana que padecen en el mundo millones de seres humanos. Y, al mismo tiempo, me dio la posibilidad de conocer la solidaridad y de cultivar las redes de afecto, que son las que sostienen a tantas personas en condición de vulnerabilidad, muchas de ellas desarraigadas, que han padecido los estragos de la guerra, como nosotrxs y tantísimxs otrxs. En esos años de exilio vivimos en las mismas condiciones de aquel pueblo por el que siempre lucharon mi padre y mi madre: lxs despojadxs, lxs sin tierra, lxs "nadie", los eslabones más frágiles de la cadena. Vivimos entre la escasez y los milagros, entre las angustias y la diversión barata. Aprendimos a valorar lo mínimo, a ser felices con muy poco y, siempre, a seguir adelante, a pesar de todo. Luego de mucho mirar hacia adentro y de sumergirme en los abismos de mis obsesiones, me di cuenta de que las causas que ambxs defendían me enseñaron que nuestras cortas y frágiles vidas podían aspirar a algo más que a acumular riqueza, no porque eso sea algo indeseable —qué hermoso y necesario es el dinero—, sino porque el sentido se construye cuando nos ponemos al servicio de lo colectivo, de algo más grande que nuestro propio beneficio.

A mí me gusta coleccionar palabras y a mi mamá "testimonios". Eso quiere decir que cuando el Señor hace algún milagro, como los que ya conté, se los dice a muchas personas. Los domingos, cuando el pastor pregunta si alguien quiere compartir algo, ella levanta la mano y siempre tengo miedo de que me vaya a decir que hable yo porque a veces ella hace eso para que "me arriesgue", o sea, para que no tenga miedo. Y yo le digo que no-que no-que no porque siento que la cabeza y los cachetes se me ponen muy calientes. A veces me imagino que me tomo las pastillas de chiquitolina del Chapulín Colorado para que nadie pueda verme y que no me pregunten nada. O, también, que me convierto en aire, me voy al cielo y me desaparezco, como los compañeros de mi papi. Si algo me da pena, ella siempre me dice que yo puedo, que "no tiene ningún misterio" hacer las cosas y sigue insistiéndome hasta que lo hago o hasta que me pongo furiosa. Entonces me dice que yo "le pongo mucha crema a los tacos", o sea, que soy muy exagerada. Eso me enoja mucho porque ella sabe que no me gusta que me miren ni me gusta hablar cuando hay adultos, ni tampoco que me diga cosas que me duelen. En cambio, cuando ella agarra el micrófono pone otra voz como si fuera una artista, y los que están en el culto le aplauden y gritan "¡Gloria a Dios! ¡Aleluya!". Cuando era joven quería ser actriz y yo creo que sería la mejor porque es muy guapa y elegante, y le gusta imaginarse que es otra persona y que la miren y le aplaudan. Solo que ahora no puede porque tiene que comprar la comida y prepararla, hacernos la lonchera, lavar y planchar los uniformes, ayudarnos con las tareas, peinarme, cuidarnos y buscar trabajo. Y cuando lo encuentra tampoco puede porque se va en la mañana y llega en la noche. Por eso los sábados se levanta tarde y dice que se siente muy cansada. Como yo quiero que ella siempre esté feliz, le ayudo en todo lo que puedo. Aunque me cuesta mucho barrer y trapear, a veces lo hago porque a Jero siempre hay que repetirle que tiene que hacer las cosas de la casa, pero no las hace, solo poquitas veces porque ya tiene quince años, y yo diez. Hay días en que mi mamá llega del trabajo y le doy la sorpresa de que, además de barrer y trapear, también lavé los platos y tendí las camas. Pero lo que nunca hago porque me hace dar ganas de vomitar es lavar el baño. Cuando vamos a la iglesia los domingos a que mi mamá dé testimonio, a los niños nos toca ir a la escuela dominical, donde hacemos manualidades y nos cuentan historias de la Biblia. Los adultos se quedan en el culto pero como a mí me gusta mucho estar con mi mami, algunas veces me deja quedarme con ella. Los cultos son igual de aburridos que las reuniones de mi papá porque el pastor solo habla y habla y habla, y me da tanto sueño que casi siempre me quedo dormida. La mejor parte es al principio y al final cuando toca la alabanza, que es un grupo de música. Yo me sé todas las canciones y también toco el pandero que mi mami me compró. Le pusimos muchas cintas de colores, y cuando lo toco se mueven bien bonito. Yo canto y también bailo, y como me da pena cierro los ojos y me imagino que nadie me está mirando.

Lo único que me da miedo de mi mamá es cuando se pone brava y va a buscar el cinturón "para corregirnos", como dice la Biblia. De las cosas más horribles del mundo es que te peguen con el cinturón, y los comerciales donde salen los niños de África que tienen mucha hambre y las barrigas se les llenan de gusanos, como los hijitos de los indígenas que están en la calle sin zapatos. Cuando mi mamá dice que nos "va a dar rejo porque estamos insoportables", yo corro y me encierro en el baño. Luego de que le pega a Jero va a buscarme al baño, y azota el cinturón en la puerta y me dice que salga. Del miedo que me da lloro más y grito que no voy a salir hasta que me prometa que no me va a pegar, y entonces ella dice que bueno. Y cuando abro la puerta ella "cumple su palabra" porque, como le enseñó el agüelo Tomi, "la palabra es sagrada", o sea que siempre tenemos que hacer lo que prometemos. Aunque mi mamá algunas veces no me pega y otras sí, luego de todo eso y de ver a Jero llorando o rabioso con ella, yo sigo llorando de la impresión hasta que se me acaban las lágrimas. Entonces "quedo sensible", eso significa que si me dicen cualquier cosa, otra vez lloro porque a mí me asustan los gritos, las groserías y los golpes. *¿De dónde nace la violencia hacia lxs niñxs? Abraham estuvo dispuesto a matar a su único hijo para obedecer a Dios y, solo hasta el último minuto, este lo detuvo con el argumento de que aquel despropósito era solo una prueba para valorar su grado de fe. ¿Qué mente enferma puede inventar un dios que lleva al límite a un padre ordenándole matar a un niño que además es su hijo y, unos segundos antes, viéndole destrozado del dolor, le detiene reconociendo que solo le estaba probando? ¿Cómo podemos normalizar y no cuestionar esas historias donde un ser que se dice nuestro padre, supuestamente benevolente que nos ama, nos conduce al más espantoso de los infiernos para que le demostremos nuestra capacidad de confiar en él? La libertad de mi madre para decir lo que sentía y pensaba fue contradictoriamente proporcional a su fé ciega en* aquella educación cristiana patriarcal que recibió de las monjas, y que siempre me recordará a las historias medievales e inquisitoriales en las que hay que disciplinar con crueldad al cuerpo para "santificar" el alma, con todas las comillas que se le puedan poner a esa palabra. A pesar de todo, nunca sentí maldad en su proceder. Le habían enseñado que el dolor infligido al cuerpo de lxs niñxs indefensxs propiciaría la reflexión y el arrepentimiento. El castigo, desde esa perspectiva, se entendía necesario y garantizaba una bondad ulterior, como si sembrando violencia pudiera recogerse lo contrario; como si lacerando una psique inocente con miedo y tristeza se consiguiera algo bueno; como si el lenguaje y la reflexión, producto de tantos siglos de evolución cognitiva, no pudieran reemplazar los golpes. Su herencia religiosa también le dejó una visceral desconfianza hacia el cuerpo femenino por ser traicionero, provocador y lujurioso. [¿Cuántos milenios de evangelización se habrán acumulado en el ADN de mi madre?]. Sin darse cuenta, ese desprecio hacia Eva atentaba contra su propia valía como mujer y la de su hija. A los hombres, en cambio, les ofrecía indulgencia y empatía por haber sido víctimas de una [presunta] tentación femenina milenos atrás, eximiéndoles casi siempre de cualquier responsabilidad. Entrada en mi juventud empecé a sospechar de todo: los privilegios insoportables de mi hermano y de los hombres de la Biblia; la satanización y cosificación del cuerpo femenino; la violencia infligida a los cuerpos y las almas de lxs niñxs; la culpa como valor que, en últimas, justifica la vigilancia omnipresente y omnisciente a las mujeres; la amenaza constante de arder en el infierno a quien osara ser distintx… Y pensé en las distorsiones profundas que, con el tiempo, se han hecho del cristianismo, que es tan desigual porque exige una perfección imposible a unas y, en contraste, extiende *misericordia y otorga privilegios de nacimiento a otros, quienes, paradójicamente, ejercen su poder y dominio —con violencia si hace falta— sobre el resto de seres vivos, salvaguardando así su eterna posición de superioridad.*

Mi mamá también me da miedo cuando me revisa los cuadernos. Va pasando las hojas y me felicita, pero si ve que la letra no está bonita o si hay algún tachón o una mancha porque me equivoqué y borré mal me mira como si fueran a salirle rayos biónicos de los ojos. Cuando eso pasa, ya sé lo que va a hacer y le pido que por favor-por favor-por favor nooo, pero arranca las hojas y me responde-siempre-siempre-siempre "si vas a hacer algo, hazlo bien, o si no, mejor no lo hagas". Entonces me dan ganas de hacerle algo muy pero muy malo y siento, como en las caricaturas, que una bomba me explota en la cabeza, y lloro y grito de la rabia, como cuando a la barbi no le entra el suéter y, aunque intento ponérselo muchas veces, no puedo, entonces le arranco la cabeza y la tiro contra la pared. Y luego, cuando ya no lloro, me arrepiento y me asusto porque "Dios castiga la ira". Pero es que a mí me cuesta mucho trabajo escribir porque se me cansa mucho el brazo y la mano de apretar el lápiz tan fuerte. Pero a ella no le importa que yo me canse. Además confundo la "d" con la "p", y la "g" con la "j", y siempre me esfuerzo para leer bien pero, a veces, leo cosas que no están escritas y me invento las palabras. No sé por qué, si yo pongo mucha atención en las clases. Ya sé que me tengo que esforzar más porque todo me tiene que quedar "perfecto" o, si no, mi mamá me va a arrancar la hoja y me va a tocar escribirla toda otra vez. *Treinta años después descubriría que esa habilidad para leer lo que no está escrito e intercambiar las letras provenía de un cerebro disléxico, incapaz de adoptar un único punto de vista, y que aquello, antes que ser una discapacidad, era una forma expansiva de ver e interpretar el mundo. Esta condición, que pretendió ser corregida por la escuela y por mi madre —como les pasó y les pasa a millones de niñxs—, me obligó a ir desarrollando un poder de concentración casi infalible para leer, que se hizo extensivo al observar el mundo. Me veo frente a un texto a los seis años, a los once, a los dieciocho, a los veintitrés, a los treinta y ocho, aquí y ahora, corrigiendo por enésima vez este manuscrito y mi cerebro, sin perder la costumbre, se pasea entre renglones, inventa imágenes por todas partes y conecta ideas en fracciones de segundo. Poco a poco me fui dando cuenta de que las notas al pie de página, los comentarios, las gráficas y los dibujos, los glosarios, la concordancia de la Biblia que leía desde muy niña fueron siempre un alivio frente a la tortuosa linealidad: universos paralelos llenos de nuevas palabras y significados que me sacaban del relato principal. Me obsesioné con la ortografía y sus reglas para evitar el sufrimiento. Fotografiaba en mi cabeza las formas correctas de escritura, evitando así confundir las letras. Nunca logré, quizá por lo arbitrario y subjetivo, distinguir una idea principal de una secundaria. Tampoco llegué a ser capaz de concretar lo leído ni resumirlo porque, incluso ahora, todo me parece importante. Miro por entre las grietas del recuerdo en primero o en sexto de primaria, en octavo semestre de Historia, exponiendo la tesis del doctorado o pronunciando un discurso por estos días, y el mecanismo está intacto: al leer en voz alta, dentro de mí, las palabras producen una musicalidad que me invita a pasear por otros mundos fuera del texto.*

Entonces me desconecto y me escucho a mí misma como si fuera una espectadora. Me desdoblo sin saber como ni cuándo, ni por qué. Y nunca he sabido cómo evitarlo. Entonces, más antes que ahora, me invade el miedo o la frustración por no lograr comprender lo leído. Años después, ya sin culpa, supe que para mi hermoso cerebro disléxico leer era, más bien, escuchar música e irse de excursión. Leer se me convirtió en una experiencia donde encontraba melodías visuales, texturas, formas, dimensiones, y la conexión con el recuerdo o el placer. Cuando esa alquimia sucedía podía quedarme a vivir en un párrafo, en la nota al pie, en cualquier enunciado que me arrullara y despertara la reflexión. Cuando me di cuenta de que aquello era una habilidad y no un "trastorno del lenguaje" me entregué a la lectura intimísima. Repetía con plena libertad una y otra y otra vez las frases de una oración; analizaba la construcción de los enunciados; me emocionaba con las metáforas y buscaba formas similares con otras palabras. Así fui aprendiendo a escribir. El pasar y repasar las mismas líneas me llevaba a olvidar la secuencia del relato, por eso luego la historia ya me resultaba accesoria y perdía casi de inmediato el interés porque el texto había cumplido su cometido, aunque no hubiera pasado de la introducción. Aun así, serpenteaba por los apartados o los capítulos, como quien va en busca de la belleza oculta entre la maleza de un palabrerío ininteligible. Y se me volvió un hábito navegar por los libros sin querer, jamás, terminarlos, y sin sentirme obligada a hacerlo. Esa fue una de mis mayores liberaciones. A veces, cuando estoy aburrida, agarro las "hojas reciclables" que Guada trae de la universidad. Por la parte de adelante tienen cosas escritas pero en la de atrás, nada, y ahí podemos dibujar. Siempre pinto algo en lo blanco, y cuando termino le doy la vuelta para leer lo que dice pero casi nunca entiendo porque son palabras muy difíciles. Entonces juego a buscar en diferentes renglones un artículo, un sustantivo, un verbo y un adjetivo calificativo, como me enseñan en la clase de Español, y le hago un círculo a cada uno hasta que voy inventando enunciados por toda la página, y así me invento historias. Escribir una hoja entera en el cuaderno es más difícil que levantarse para ir al colegio, y me tardo como una hora, "según mi cálculo". Mi mamá siempre dice así porque leyó un libro que se llama *El hombre que calculaba*. Es la historia de un pastor de ovejas que las contaba todo el tiempo para que no se le perdieran. Por eso sabía sumar y restar muy bien. Un día el emir, que era el rey de una ciudad muy antigua que se llama Bagdad, se lo llevó a vivir con él para que le enseñara matemáticas a su hija porque además era muy inteligente y sabía resolver problemas muy difíciles. Él calculaba cosas todo el tiempo. Mi mami también nos enseña muchas cosas que lee en los libros. Por eso yo sé calcular el tiempo, o sea cuánto nos gastamos del paradero del camión que está en la avenida Cuauhtémoc con Luz Saviñón, hasta el de Emiliano Zapata. Es muy fácil. Primero, hay que pensar en los minutos que te tardas, por ejemplo, 23. Segundo, cuando te subes al camión, miras el reloj. Tercero, cuando te bajas ves el reloj otra vez y sumas si te tardaste el tiempo que calculaste. Ese juego me lo inventé para "educar el cerebro", como dice mi mami, en vez de "estar atenida" al reloj. Eso significa que si aprendo a calcular en mi cabeza no necesito reloj porque siempre voy a saber la hora. Me gusta mucho jugar a adivinar el tiempo y nunca se me olvida lo que calculé la vez anterior, por eso casi no me equivoco. Así aprendo lo que duran los viajes en el metro, en el camión y en las combis. Y también sé calcular cuánto cuesta lo que compramos en el supermercado, que aquí le decimos "súper". Primero me acuerdo de lo que costaba la vez pasada, pienso en mi cabeza el precio y luego veo si le atiné. Así me voy aprendiendo los precios de memoria y le digo a mi mamá si está caro o barato. También hago la suma de lo que nos gastamos en el día, por ejemplo, lo que cuesta el boleto del metro, los tacos de Manuel, la fruta donde la hermana Ruth y los bolillos, las teleras y las conchas de la panadería. Yo quiero aprender a sumar como mi mamá pero es muy difícil. Ella dice "dos y tres, son cinco, y tres, ocho, y nueve, diecisiete, y cuatro, veintiuno…". Aunque ella sabe sumar bien rápido y bien bonito no sabe calcular el dinero. Por eso yo le ayudo. Casi siempre se gasta en los primeros días lo poquito que le pagan o lo que a veces le da mi papá, y luego tenemos que pedirle milagros al Señor hasta que le vuelvan a pagar. Cuando mi mamá tiene dinero, lo primero que hace es dar los diezmos en la iglesia, que ya sé calcular porque siempre me dice que haga yo la cuenta. Eso es más fácil que sumar. Solo se le quita un cero y ese es el diezmo. Por ejemplo, si mi mamá se gana diez mil pesos, se le quita un cero y quedan mil. Luego de llevarlos a la iglesia paga la renta del departamento y la colegiatura, lo que debe en el mercado, y a veces, si alguien le presó dinero, también se lo devuelve. Después compra mucha comida porque Jero come mucho. Y entonces otra vez nos quedamos casi sin dinero. Yo quisiera decirle a mi mamá que puede separar el dinero para cada cosa y comprar nada más lo que necesitamos, pero me quedo callada porque siempre repite que "hablar de dinero es de mal gusto". A ella no le gustan los ricos. Dice que son malas personas porque hay mucha gente pobre en el mundo y ellos, en vez de compartir lo que tienen con quienes lo necesitan, se lo quedan todo para "darse lujos" ellos solitos. Y repite lo que dice Mateo 19:23, que "es más fácil que un camello pase por el ojo de una aguja que un rico entre en el reino de los cielos". También nos repite que la "raíz de todos los males es el amor al dinero", que está en 1 Timoteo 6:10. Dice que si ella fuera rica "sería una tirana", o sea una mala persona porque el dinero hace que las personas se vuelvan "insensibles", eso quiere decir que no les importe si hay gente que sufre. Pero a mí sí me importa y cuando sea grande voy a tener mucho dinero para viajar, para comprar comida y para ayudar a las personas que lo necesitan, como hacen mis abuelos con nosotros, que nos mandan dólares, o sea los billetes que usan los gringos porque valen mucho y nos sirven para pagar el colegio y otras cosas. Ella me contó que cuando tenía veinticuatro años su papá, que es la persona que más quiere en el mundo, se "arruinó". Ya conté un pedacito de esa historia antes. El agüelo tenía mucho dinero pero se quedó sin nada porque "lo engañaron", y cambió una finca grandota donde tenía vacas y ovejas, y sembraba frutas y verduras, por otra que le dijeron que era mejor pero era mentira porque esa finca se inundaba y no podía sembrar nada. Cuando se dio cuenta no se atrevió a decirle a la abuela Aurora. Y como ella no sabía seguía gastando el dinero en los vestidos de las fiestas elegantes para las cuatro hijas, y también invitaba a comer a los primos a la casa y se iban de veraneo con toda la familia, que era muy grande. Y también les seguía pagando a Rosote, a Nina y a Rita, que eran las tres señoras que les ayudaban en la casa, ah, y también a Posidio, que era el niño que hacía los mandados. Hasta que se les acabó todo el dinero y al agüelo le tocó decirle a la familia lo que había pasado. Luego de eso, los siete hermanos se fueron a vivir a las casas de diferentes tíos, y nunca más volvieron a estar los nueve juntos. Entonces la abuela se enfermó de "cáncer" en la garganta, que es algo que duele mucho y no podía hablar ni comer. Aunque la llevaron a Estados Unidos para que la curaran se murió a los cincuenta y seis años, y los siete hijos y el agüelo estuvieron muy tristes muchos años, y siempre que hablan de la abuela lloran, pero mi mami no. Yo creo que a mi mamá no le gusta el dinero por todas esas historias tan tristes y cuando lo tiene se lo gasta rapidito para que a nosotros no nos pasen esas cosas por culpa del dinero.

A veces Jero le pide unos tenis Le Coq Sportif o Ribok, o un pantalón de mezclilla Livais, que son muy caros. Si mi mamá tiene dinero se los compra o a veces él ahorra y le pide lo que le falta, y ella se lo da aunque luego no nos alcance para los otros días. Jero tampoco sabe calcular el dinero pero yo sí. Todos los meses tenemos que andar fiando la fruta y la verdura en el mercado. Por eso casi nunca pido nada. Cuando sea grande voy a cuidar mi dinero porque no me gusta estar siempre preocupada. Si mi mamá ya se gastó lo del mes, le dice a Jero que "hay que aprender a esperar" y que luego se lo compra, pero él se enoja siempre que le dicen que "no". Ahora que está en la "edad de la caca de gato", como dice ella, se pelea mucho con mis papás. Yo creo que él es así porque es el primogénito y, como es hombre, es el preferido del Señor, entonces sí se puede poner bravo pero yo no porque, entonces, eso "es de mal gusto en una mujer" y además me pueden dejar de querer. *[¿Cuánto psicoanálisis se necesita para desaprender lo que nos marcaron a fuego en la infancia, con cada acción cotidiana, en los espacios públicos y en los íntimos? ¿Qué hay que hacer para entender, de verdad, que ser mujer no significa ser menos valiosa ni tener derechos distintos? ¿Podremos algún día llegar a establecer relaciones equilibradas con los hombres, comprendiendo que está bien mostrar carácter y poner en valor nuestro ser salvaje, que podemos expresar lo que queremos? ¿Lograremos algún día dejar de luchar por la aceptación y la validación masculinas, dejar de esperar a que nos elijan y nos incluyan en su lista de prioridades? ¿Qué debe suceder en nuestro cerebro para que nos demos cuenta de que somos nosotras las que debemos elegirnos a nosotras mismas, que no hay mayor prioridad que nuestro propio bienestar?].* Mi mamá dice que Jero es como ella porque "los Leal son libres y rebeldes". A mí me dice que soy Zabalegui y por eso soy "melodramática y tacaña", como mi papá, eso significa que lloro mucho y que no me gusta gastar el dinero. Me duele que me diga esas cosas porque yo lo único que quiero es que no nos quedemos sin nada y por eso a veces le digo que, según mi cálculo, hay cosas que no podemos comprar. Unos días me hace caso y me dice "¿yo qué haría sin ti?". Pero otras veces no, y repite que "Dios proveerá". A Jero también le choca que Guada y mi papá le digan que no coma tanto, que tiene que pensar en los demás porque él come siempre lo que quiere. También se pone bravo cuando no le prestan el carro y, como es libre, a veces lo agarra a escondidas. Eso ya lo conté. Yo me preocupo porque luego lo regañan pero a él no le importa hacer rabiar a los adultos. *[¿Por qué a las mujeres nos educan para obedecer y aguantar, para ser "prudentes", "comedidas" y para callar? ¿Por qué nos implantan el miedo en el cuerpo y, en cambio, a los hombres se les aplaude la rebeldía, el ejercicio de sus libertades, que suelen ser más bien privilegios? ¿Cómo habría sido la historia de mi vida de haber seguido los pasos de mi hermano o de haber nacido hombre?]. Aunque mi madre intentaba disciplinarlo, en el fondo celebraba que su hijo fuera igual a ella: indomable, valiente, insumiso. Y, paradójicamente, domesticaba a la mujer salvaje que seguramente habría podido llegar a ser su hija, de haber crecido libre. Sin embargo, la moldeó en forma de ángel para salvar al padre de las garras del pecado [como si la vida de las hijas fuera utilitaria y tuviera que tener un fin en sí mismo, predeterminado, además, por las mismas madres que siguen perpetuando el yugo del patriarcado]. Cortó las alas de su hija, esas que había reclamado de la sociedad para sí misma. "¡Qué ironías las de la vida!".*

Cuando yo necesito algo me aguanto hasta que ya no puedo, como cuando me apretaban mis zapatos de charol vinotinto. Fuimos a Calzado Canadá, cerca del Zócalo, y había descuentos. Entonces mi mami me dijo que el Señor me había premiado con dos pares porque había aprendido a esperar. Y también pasó eso otra vez en que me compró unas botas de cuero blanco, como las que usan mis amigas del Bilbao y, aunque había unos zapatos a la moda que se llamaban Perestroika, para que nos alcanzara el dinero escogí los más baratos, que eran otras botas bien padres de mezclilla gris con plateado y "estoperoles". Me gusta esa palabra. Cuando se nos acaba la comida y el dinero tenemos que ir al mercado a pedirle fiado a la hermana Ruth, que también es cristiana. A veces mi papá llega a la casa y nos trae frutas y verduras, y esa semana no tenemos que ir a donde la hermana. También le pide fiado a Columba, la dueña de la papelería que queda en la esquina, si tenemos que comprar materiales para la escuela. Pero hay otras veces en que ni mi mamá ni mi papá tienen dinero para pagar la colegiatura. Entonces debemos uno o dos meses y también la renta del departamento. Eso hace que me den muchas ganas de llorar porque en el colegio sacan del salón a los niños que no pagan, y siempre tengo miedo de que me hagan eso porque a mí me gusta mucho estudiar. Yo creo que las directoras quieren asustarnos, pero no está bien que los niños se preocupen por que a los papás no les alcanza el dinero. A veces para ir al colegio tenemos que buscar monedas en los cajones de la mesa de noche, en la mochila y donde se nos ocurra, a ver si juntamos para el camión. Lo mejor es que hay días en que aparecen unos billetes en los bolsillos de los abrigos o en las carteras de mi mamá. Entonces me lleva al colegio pero sigo preocupada porque luego no sé cómo se va a regresar a la casa, ni cómo le va a hacer para ir a recogerme en la tarde y que podamos volver otra vez, o cómo le vamos a hacer el día siguiente. Pero ella repite que hay que "confiar en el Señor" porque "él se glorifica en medio de las dificultades", eso quiere decir que "no hay nada imposible para él". Lo bueno es que cuando entro al salón y empiezan las clases se me olvida todo eso hasta que tocan el timbre de salida.

Cuando mi mamá tiene dinero nos da muchas sorpresas pero nunca como cuando trabajaba en el CEMLA. Eso fue en 1981 y 1982, acabábamos de llegar de Colombia y le pagaban en dólares. Por eso todos los días ganaba más dinero y siempre llegaba del trabajo con un regalito. El que más me gustó fue el yoyo chino, que era un papel del tamaño de un Gansito Marinela, que estaba enrollado a un palito, y cuando lo aventabas para adelante se salía el papel y luego se regresaba solito. O cuando le dieron dinero en Parás Ulibarri y acabábamos de llegar a vivir a Santa Úrsula. De esa historia solo conté un pedacito. Como no teníamos muebles, un día llegamos del colegio y mi mami nos había comprado una litera. A Jero también le regaló un restirador, que es una mesa grande, para que dibujara sus planos, y un banco de madera altotote. Y a mí me compró el escritorio de metal gris en el que juego a ser abogada. Mi mami dice que es mejor dar sorpresas así de "exageradas". Lo malo es que se gasta todo, como esa vez, y no guarda nada para después. Yo quería que ella se comprara su cama pero le tocó esperar porque solo le alcanzó para el colchón.

Cuando vamos al mercado, además de frutas y verduras, compramos tacos de cochinita pibil, flautas de pollo o gorditas, una con salsa roja y otra con salsa verde. Son mis preferidas. También compramos frijoles cocidos en el comedor donde mi mamá se hizo la gringa. Ella detesta cocinar porque "ya cocinó mucho toda su vida", y ahora está cansada. Pero eso no es verdad porque cuando ella vivía con sus papás cocinaban Rosote, Nina o Rita. Y cuando vivía con mi papá cocinaba Carmela. Lo único rico que prepara es el arroz chino, pero solo lo he probado una vez o dos, y los "huevos pericos", que en México se llaman huevos revueltos. Son los mejores del mundo. Siempre me fijo cómo los hace. Parte dos huevos en un plato hondo y los revuelve con un tenedor que hace unos sonidos que parecen una canción, y me dan ganas de bailar. Dice que "hay que batirlos mucho-mucho" y muy alto, como si se le fueran a caer, pero nunca se le caen. Luego los echa en la sartén con aceite bien caliente "para que no se peguen". A mí el olor a huevo me da muchas ganas de vomitar y también porque son pegajosos, por eso me aguanto la respiración. Hay que esperar un poquito hasta que salgan unas burbujitas chiquititas en los bordes, igual que con los jotqueics, y suavecito-suavecito levanta las orillitas y las dobla para adentro, como cuando hago las ranitas de papel, y luego espera otro poquito para que se cocine todo, pero no mucho porque a ella le gustan mojaditos. Cuando queremos comer algo dulce y no tenemos dinero para bajar a la tienda mi mamá hace "ponche", que es como una nube de huevo con azúcar, y también lo sé hacer. Pone la clara en un plato y la yema en otro. Luego bate la clara mucho-mucho-mucho hasta que se pone esponjosita y blanquita. Ya no hay que batir más cuando voltea el plato y no se cae. A lo último, le echa la yema, un poquito de azúcar y un chorrito de brandy, que es un trago, para que se le quite el olor a huevo, y lo revuelve todo otra vez hasta que todo se pone amarillo clarito. Es delicioso. Mi mamá sabe calcular el tiempo cuando hace los huevos pericos pero casi siempre llega tarde a los lugares. Bueno, eso pasó hasta que alguien le dijo que eso era de mal gusto, igual que hablar de dinero, y nunca más lo volvió a hacer. Ella se demora como tres horas poniéndose rulos, maquillándose y vistiéndose. Cuando sale de la casa, le agarro la mano y me siento muy orgullosa de ella porque en la calle la miran todo el tiempo. Ella camina despacio, como le enseñó la señorita Elvira cuando era niña, y como ella me enseña a mí. Le ponían unos libros en la cabeza y se tenía que imaginar que iba "pisando huevos en una línea recta" y caminaba con las piernas cerradas y mirando hacia adelante para que no se cayeran. Es muy difícil hacerlo pero siempre trato, aunque no me guste, porque siento como si fuera presumida y ya dije que no me gusta la gente así. Para que el pelo se le pusiera ondulado, a mi mamá y a sus hermanas les hacían "marrones". Cuando me peina y me jala siempre grito pero ella dice que no me queje, que a ella le ponían unos pedacitos de tela en cada "gadejo", o sea, en cada pedazo de pelo, se los enrollaban y se los dejaban así unas horas. Luego se los jalaban y, aunque le dolía muchísimo, luego le quedaban unos crespos bien bonitos. Por eso siempre me repite que "el que quiere marrones, que aguante tirones". Yo no entiendo por qué estar linda duele tanto. *[Maldito patriarcado, una y mil veces]*.

Mi mamá se pone vestidos muy bonitos igual que cuando era niña. En mi álbum hay fotos de ella cuando era bebé y parecía una muñequita, con su vestidito, su calzoncito y un gorrito que le amarraban en la cabeza. Todo era blanco y "almidonado", eso quiere decir que era bien incómodo. Y cuando yo era bebé también me vestía así, por eso las señoritas que trabajaban en Colsubsidio, que es un supermercado en Bogotá, le decían que tenía una niña bien preciosa y querían cargarme todo el tiempo. También me contó que cuando era "señorita" usaba "combinación" debajo de los vestidos, que es otra falda delgadita con "encaje", y se ponía "media pantalón", que me da miedo tocar porque se rompe bien fácil. Pero ella les pone un poquito de esmalte y se arreglan. Se parecen a las mallas que me ponía cuando iba a las clases de balé. No sé por qué le gusta ponerse eso tan apretado. Yo siento que no puedo respirar porque son igual de incómodas que los calzones y los vestidos que tienen etiquetas y arandelas y me raspan, por eso la piel se me pone roja y me arde. A veces se pone el vestido negro con gris que le regaló Rosa Elisa. Ese es mi preferido. Yo le digo que también se ponga los tacones grises de "gamuza". Qué bonita palabra, ga-mu-za. Suena igual de suavecito que cuando la toco. Esos zapatos la hacen ver más linda pero a ella no le gustan porque son muy altos y se le cansan los pies. Entonces, para salir de la casa y agarrar el camión o el metro, se pone los tacones bajitos y guarda los grises en la bolsa, que en colombiano se dice "cartera". Cuando llega al lugar, puede ser la escuela, su trabajo, la iglesia, alguna reunión o una diligencia se los cambia en el baño. También tiene un cinturón gris bien ancho que, cuando sea grande, me voy a poner porque la hace ver bien flaquita. Yo me fijo mucho cuando se maquilla, se peina y se mete los dedos en el pelo si se lo deja suelto. A veces se hace peinados muy raros, por eso se tarda tanto en salir de la casa. Mi mami tiene un pelo bien grueso, "de buena calidad, que heredó de los Azulay", o sea de la familia de la abuela Aurora, que son de un país en España donde hablan vasco, que es otro idioma que no conozco. Me gusta mucho cómo huele el pelo de mi mami. Cuando me duermo me gusta acariciarlo y si estoy preocupada o lloro ella me abraza, entonces, lo huelo y me siento tranquila. Su corte preferido es el de gitana, como el de Ana porque le recuerda al que le hizo su peluquero de Bogotá, que se llamaba Édgar. Eso ya lo dije muchas veces.

Mi mamá tiene los ojos verde oliva, como algún día quiero que se me pongan a mí porque yo los tengo de color miel. Ella me dice que si lo "visualizo", o sea si lo veo con mi imaginación, se me van a poner de ese color. Entonces lo hago siempre-siempre-siempre. *[Y sucedió]*. Su pelo es "castaño rubio cenizo", como dice la pintura que a veces le ayudo a echarse en el pelo para quitarse las canas que le empezaron a salir a los veintidós años, cuando el agüelo se arruinó. Aunque no conocí a la abuela Aurora, cuando escucho esa historia me imagino que es la mía y que mi mamá se enferma, y se muere, y no la voy a volver a ver. Entonces siento que me duele todo el cuerpo y se me salen las lágrimas. Pero ella nunca llora. Solo hubo un día en que lloró un poquito nada más. Vivíamos en Pirineos y estábamos las dos acostadas en su cama, que era el colchón grande que Jero y yo a veces poníamos en la sala para jugar. Ese día la llamó su hermano Fabricio y le dijo que el agüelo Tomi se había muerto. Ella lo escuchó, colgó, me dijo que su papá se había ido con el Señor, y se quedó callada un ratito. Yo también me quedé callada pero como vi que no le salía ninguna lágrima le pregunté que si no iba a llorar, y entonces lloró, pero muy rapidito, y luego nunca más la vi llorar. No lo entiendo porque la última vez que estuvo con su papá fue cuando nos vinimos a México, hace como cinco años, y el otro día dijo que la persona que más quería en el mundo era a su papá, luego a Jero, luego a su hermano menor porque ella le enseñó a leer, y en cuarto lugar a mí. Eso me hizo sentir muy triste porque ella es la persona a la que yo más quiero en primer lugar y yo pensaba que ella también me quería más que a todo el mundo. Pero me dijo que era porque el Señor amaba mucho a los hombres, y ella también, y que de las mujeres a la que más quería era a mí. *[¿Cómo se puede medir el afecto? ¿Para qué la estratificación en el querer?].*

A veces mi mami nos dice a Jero y a mí que debemos "prepararnos para cuando se muera", que quiere que llevemos "mariachis para despedirla" y que no vayamos a estar tristes. Cuando la escucho siento que voy a explotar porque las lágrimas se me salen de los ojos y le pido que no diga eso, pero ella dice que "hay que hablar de estas cosas porque así es la vida". *Desde que tengo memoria conviví con el terror a la muerte. No sé cuántas historias de tortura, "desaparición" [siempre entre comillas] y asesinatos se habrán instalado en mi inconsciente. No vi llorar a lxs compañerxs de mi padre pero percibía el dolor de esas pérdidas irremediables en la mirada, en las palabras, en el ambiente. El desgarro de las tantas separaciones se quedó a vivir en mi cuerpo, igual que las heridas de los abandonos tempranos y tardíos que siguen sin sanar y que estas miles de palabras intentan suturar, de la forma que sea. Nunca soporté la idea de que mi mamá algún día pudiera morir. Y entre todo lo que escuché en las reuniones de mi padre, jamás le oí hablar de su propia muerte, a pesar del milagro que fue sobrevivir a una guerra inclemente y a una década de exilio. Tal vez por eso, durante cuarenta y cuatro años, cultivé la idea infantil de que él era inmortal. Personas como él jamás podían morirse. Era imposible. Pero la muerte llegó y arrasó con todo lo conocido, con cualquier visión de futuro. [Y no supe de dónde más agarrarme que de la escritura, mi religión, mi aliento, mi guarida segura. "Prepararse", decía mi madre… pero, ¿cómo anticipar el maremágnum que supone la desaparición de todas las vidas que caben en un cuerpo? ¿Cómo aceptar que nunca más suene su voz al otro lado del teléfono? ¿Quién puede "prepararnos" para el sinsentido? La muerte, ¿por qué, para qué, cómo, en qué medida, en cuántos lugares al mismo tiempo, cuántas veces en la vida? ¿Qué hay más allá de este agujero negro que me engulle cada tanto con la misma fuerza que el primer día?].*

No quiero que mi mamá se muera nunca. Eso también podría pedírselo a Santaclós si existiera porque me da mucho miedo estar sin ella. Como el día que cumplí años en el 404. En la casa estaban muchos compañeros de mi papá y él me compró un pastel muy grande, con muchos pedazos de chocolate encima y cuando los vi quería comérmelos todos porque me encanta el chocolate, sobre todo el Carlos V. Era el pastel más lindo del mundo. Antes de cantar el "Feliz cumpleaños" mi mamá me dijo que hiciera la siesta. Cuando me desperté la llamé pero un compañero me dijo que se había ido a hacer una diligencia y que ya casi volvía. Yo me puse a llorar y a llorar y a llorar. No quiero volver a separarme de ella nunca. Ese día, cuando regresó, la abracé muy fuerte y no quería soltarla, y seguí llorando porque me asusté mucho. Yo creí que no iba a regresar a la casa y me estaban diciendo mentiras. *[¿Existirá algún antídoto, una fórmula mágica, un conjuro que diluya la sensación de ausencia y el vacío del pecho, y que me permita cicatrizar de una vez por todas el recuerdo?]*. Mientras yo terminaba de llorar, ella me puso el vestido blanco de bolitas negras y el collar que me regaló Carmen Lira con el número 1 negro, que está dentro de un circulito transparente con el borde dorado. A mi mamá le gusta mucho porque dice que yo soy así, "el primer lugar en todo, siempre". Me peinó y quedé bien bonita. Cuando salí del cuarto me cantaron "Las mañanitas", apagué las velas del pastel y se me pasó la tristeza.

Cuando estoy con mi mamá casi siempre me siento a gusto aunque, a veces, me obliga a hacer cosas que me dan pena, como ir a la tienda a comprar la leche o preguntarle cualquier cosa a un extraño. Ella se ríe y dice que "de pena se murió un burro en Cartagena y nadie dijo pobre burro, sino qué burro tan pendejo". Ese dicho colombiano es muy feo y significa que tener pena es una bobada. Pero es triste que le digan pendejo a un burro, además aunque en Colombia esa palabra no es una grosería, aquí en México sí. Yo no soy pendeja ni boba, soy tímida. Eso se lo repito a mi mamá muchas veces. A veces no sé qué palabras usar para pedirles cosas a los adultos. Un día, cuando fuimos a la Secundaria Técnica 14 a inscribir a Jero, estábamos haciendo la fila con otras mamás. Todos los lunes se hacen los honores a la bandera en las escuelas. La "escolta", que son los cinco mejores estudiantes, la "izan", o sea, la ponen en el "mástil", que es un palo bien alto. Y todos hacemos el juramento a la bandera, que nos sabemos de memoria porque lo repetimos siempre, y dice así:

Bandera de México, legado de nuestros héroes, símbolo de la unidad de nuestros padres y de nuestros hermanos, te prometemos ser siempre fieles a los principios de libertad y justicia que hacen de nuestra patria la nación independiente, humana y generosa a la que entregamos nuestra existencia.

Y también cantamos una canción bien bonita que se llama, el "Toque de bandera".

> Se levanta en el mástil mi Bandera
> como un sol entre céfiros y trinos,
> muy adentro en el templo de mi veneración
> oigo y siento contento latir mi corazón.
> Es mi bandera la enseña nacional,
> son estas notas su cántico marcial.
> Desde niños sabremos venerarla
> y también por su amor vivir.

Almo y sacro pendón que en nuestro anhelo
como rayo de luz se eleva al cielo
inundando a través de su lienzo tricolor
inmortal nuestro ser de fervor y patrio ardor.

Es mi bandera la enseña nacional,
son estas notas su cántico marcial.
Desde niños sabremos venerarla
y también por su amor vivir.

Entonces, la escolta estaba marchando para que en el primer día de clases todo saliera perfecto, como le gustan las cosas a mi mami. Yo siempre estoy en la escolta y a veces soy la abanderada, eso quiere decir que eres la mejor alumna de la clase. Mi mamá me dijo que si marchaba con ellos me daba mil pesos. Yo no quería pero ella me decía todo el tiempo que "me arriesgara", "que fuera valiente", y esas cosas que me hacen sentir preocupada. La cara se me empezó a poner caliente y me dio miedo, pero cerré los ojos, y luego, cuando los abrí, ya estaba marchando atrás de la escolta. Me puse muy roja del susto que me dio porque además la gente me empezó a aplaudir y me dio más pena todavía. Todos me estaba mirando y ya dije muchas veces que a mí no me gusta que me miren. A veces me imagino que vivo en una cueva, como las de Oaxaca, donde nadie me ve, y entonces me siento tranquila. Aunque después de hacerlo me puse contenta porque fui valiente, y eso es algo bueno. *[A veces me pregunto qué de todo a lo que ella me impulsó fue* realmente un desafío a mi timidez, a salir de la madriguera; qué tanto fue una proyección de sus propios deseos; y qué, en realidad, resultó ser una forma inconsciente y desprovista de maldad de violentar mi voluntad y mi manera de estar en el mundo, introvertida, solitaria, alejada de la atención y la mirada externa]. Quizá frente a circunstancias como estas nos vamos volviendo valientes pero, tal vez, si no valoramos la sensibilidad de cada ser humano corremos el riesgo de ir desconectando a nuestrxs niñxs de su voz interior. Y, poco a poco, vamos aprendiendo a escuchar más a quienes desde afuera nos dicen lo que (no) deberíamos hacer que a nosotrxs mismxs. Sucede igual de generación en generación, y repetimos patrones con nuestrxs hijxs, y ellxs con sus hijxs, y sus hijxs con lxs suyxs. Creemos que lo bueno y lo deseable es mostrar el camino que hemos transitado en nuestro proceso de aprendizaje, que es tan personal e intransferible, y sin imaginarlo siquiera les hacemos perder su vínculo con la intuición, con su propio deseo. ¿Qué tipo de seres humanos habría en este mundo si padres y madres entendiéramos que los procesos de cada hijx son sagrados? ¿Cómo sería este mundo si fuéramos tan sabixs como para entender que la vida nos termina enfrentando a través de lxs otrxs a nuestros límites y a nuestros más profundos temores, y que no hay necesidad de forzar el proceso? Cada quien, tarde o temprano, aprende a decidir desde adentro. Es ahí donde germinan las respuestas, y también las preguntas, ojalá muchas más de las que podemos llegar a contestar. ¿Será la indecisión una consecuencia de esta desconexión que en la niñez nos generan las "enseñanzas" de aquellos seres que tanto nos aman? ¿Puede ser que, al querer evitarnos los dolores que ellxs vivieron, olviden que cada vida y cada circunstancia es única e irrepetible? [¿Qué pasaría si *escucháramos más a menudo nuestra voz interior y reconectáramos con nuestro deseo?].*

Como a mi mamá le gusta tanto hacer cosas diferentes, en una "época", como dice ella, nos puso a cantar canciones del Señor en el metro, con Celina y su hijo Genaro porque "tenemos que llevar la palabra de Dios a quienes lo necesitan". Yo le decía que no quería porque me daba pena pero ella dale y dale con ser valientes, y con que hay que honrar al señor y esas cosas que repite siempre. Y como me obliga a hacer cosas que no quiero, me da mucha rabia. Cuando me enojo o algo me hace llorar o me da pena me imagino que soy invisible. También pongo "la mente en otra cosa", como me dice ella, o sea que no miro a nadie, y cuando canto y toco el pandero en el metro solo me fijo en las cintas de colores que le puse y veo cómo se mueven, pero siento mucho calor y me pongo muy roja.

Mi mamá nos deja hacer todo lo que queremos en la casa. Aunque ya tiene cama, nos deja bajar su colchón y ponerlo en la sala para jugar a los almohadazos. A Jero le encanta ese juego pero a mí no porque él me pega muy duro y, aunque mi mami le dice "cuidado con la niña", a veces me hace llorar, y entonces lo regaña. Pero como yo quiero que él esté feliz siempre le digo que sí a todo. *[Malditos privilegios masculinos, maldita educación patriarcal que nos enseña a buscar la felicidad ajena antes que la propia y a complacer a los hombres aunque ello nos cause dolor].* Me encanta que mi mami nos deje disfrazarnos con toda la ropa, de hombre o de mujer, maquillarnos, bailar con la música a todo volumen y hacer bromas por teléfono. No es igual que las otras mamás. A veces juega con nosotros y se ríe mucho, como si tuviera doce o quince años. También nos deja comer a la hora que queramos todo lo que hay en la casa, sin pedirle permiso. Hay días que no hay casi nada en la nevera, entonces Jero y yo nos hacemos unas tortitas de harina con agua. Él las echa en el aceite caliente porque hay que tener mucho cuidado, y yo pongo en un plato azúcar con canela. Cuando él saca las tortitas, las pone en ese plato y yo les doy la vuelta para que queden bien dulcecitas. Margarita, una señora que vivió con nosotros tres o cuatro meses, sabía cocinar delicioso y me enseñó que así también se hacen los churros pero en vez de echar la harina con agua en el aceite se mete en una bolsa y se le corta una puntita. Cuando se aprieta sale por el huequito en forma de manguera y luego se corta. Cuando vamos al súper le pido a mi mami que me compre Chocolate Abuelita, que trae seis tabletas envueltas en un papel suavecito. En México se usa para echarlo en la leche caliente y batirlo con un molinillo de esos tan lindos que venden en el mercado. Pero a mí me gusta chupar la pastilla despacito y tomar agua porque me empalago con tanto dulce. También me gusta exprimir limón con sal y ponerle uno o dos Miguelitos de polvo, que pican mucho. Todo eso me lo preparo en las tardes cuando veo *El Chavo del 8*, los partidos del Real Madrid donde juega Hugo Sánchez o *Carrusel de niños*, que es una telenovela de un colegio donde sale Lutguica Paleta y Gaby Rivero, la profesora más buena y más linda del mundo. De solo pensar en las cosas ácidas "se me hace agua la boca", como decimos en México, igual que cuando como Pulparindo, mango, tamarindo, y jícama con sal, limón y chile piquín que venden en la calle. A veces mi mamá nos compra en la tienda algo de dulce para escuchar *Kalimán*, que es una radionovela que me encanta. Él es un príncipe de la India que viaja por todo el mundo con su amiguito, Solín, que es de Egipto, de donde son los faraones, que eran los reyes que cuidaron a Moisés cuando lo tiraron al río Nilo. Eso me lo enseñaron en la escuela dominical y también lo leí en la Biblia para niños. A Kalimán le pasan muchas malas pero él siempre lucha contra los enemigos y protege a los buenos, igual que Jesucristo, Mazinger Z, Jimán, Maguiver y los Sundercats. En esa radionovela hay un señor que va contando la historia para que nos la imaginemos, y lo que más me gusta son los sonidos de caballos, el viento y la lluvia. Ah, y también hay otras voces, como la de la Reina de los gorilas y las de las personas que ayuda Kalimán. Yo veo todo lo que escucho, por eso me encantan las radionovelas de la xew. Cuando la tele se daña también nos inventamos juegos, leemos juntos o platicamos. Mi mamá dice que la televisión "embrutece" y que los libros enseñan muchas cosas, pero a Jero no le importa eso porque a él de las cosas que más le gustan son la comida, la música, los animales, los carros y los aviones, manejar, las mujeres guapas y mayores que él, y ver la tele. Leer no le gusta. A mí me gusta ir al cine a ver películas de Gualdisney, Cantinflas y La India María porque me hacen reír mucho. Lo malo es que cuando dice "Fin" me siento triste porque yo quisiera que nunca se acabaran. Y también me gustan las telenovelas, como *Cuna de lobos, Corazón de piedra, Rosa salvaje* y

Quinceañera. Lo malo es que a veces me hacen llorar y también me preocupan porque siempre hay personas muy malas que quieren lastimar a las personas buenas. Si tenemos dinero, los fines de semana bajamos a la tienda con mi mamá a comprar "galguerías", eso quiere decir comida chatarra en colombiano. Ella siempre pide sus Suavicremas de vainilla, y Jero Submarinos de fresa, Chocorroles o Pingüinos Marinela. A los dos les encanta el dulce. En el ISSSTE se compran un frasco grande de cajeta y se lo comen enterito viendo la novela o el partido de futbol. A mí me dan ganas de vomitar de ver tanto dulce y por eso siempre pido Polvorones Tía Rosa, que son suavecitos, y eso es porque tienen azúcar de la blanquita, que se llama azúcar *glass*, y no tengo que masticarlos porque solitos se "desboronan" en la boca, como dice mi mamá. Eso me hace sentir algo muy rico que no sé explicar. A veces pido los Bombonetes porque tienen galleta, malvavisco y están cubiertos de chocolate, pero solo me como la mitad porque me empalagan. Se parecen a los Mamut. Otras veces pido Gansito Marinela y me lo como bien despacito. Le quito la parte de arriba, que es puro chocolate, y chupo la mermelada y la crema que tiene adentro, y después de eso ya no puedo comer más y se lo doy a Jero. A Guada le gusta comprar mazapán de cacahuate porque dice que es nutritivo pero casi no me gusta porque cuando me lo meto a la boca se pone caliente y se me pega al paladar. Lo más delicioso del mundo, además de los helados del Jelens y la paleta de yogurt de zarzamoras bañada de chocolate del Danesa 33, son las Pastisetas. Esas galletas me las dio a probar mi papi una vez que íbamos él y yo en el Datsun blanco y nos estacionamos cerca de la Unidad Latinoamericana, donde vive Tania, mi mejor amiga de primero y segundo de primaria, y cada edificio tiene el nombre de un país de América Latina. Esas galletas son tan ricas que cuando las muerdo se me derriten en la boca, como los polvorones, pero saben más rico porque tienen mantequilla. Cuando las estoy comiendo despacito siento lo mismo que cuando veo lo linda que es mi mamá, que me dan ganas de llorar, pero no de la tristeza, eso me pasa muchas veces. Como no son tan baratas solo podemos comprarlas a veces. Pero las más caras de todas, y que también son riquísimas, son las que compra Guada en el Palacio de Hierro, que están calientitas y tienen nueces y chocolate derretido. Lo más delicioso de esas galletas es el olor que está por toda la tienda. Yo cierro los ojos y me imagino que me estoy comiendo una antes de comérmela. Mi mamá dice que eso se "lo heredé" a mi papá porque los Zabalegui disfrutan mucho los sabores y los olores de la comida, por eso son gordos.

Muchas veces Jero y yo vamos a la panadería, agarramos una charola y unas pinzas que casi no puedo cerrar de lo grandes que son, y nos compramos tres donas de chocolate, una concha de vainilla, y si las teleras o los bolillos están calientitos también llevamos dos para cada uno, o sea, seis. A veces mi mamá nos hace tortas de huevo, de aguacate o de jamón con queso para el lonche. Un día mordí mi torta de huevo y me salió un ajo entero, y me dio mucha rabia porque aunque a mi mamá no le gusta cocinar parece que quisiera hacerme una broma como las que la

Chilindrina le hace al pobrecito de Kiko, al que todo el tiempo molestan solo por ser bueno y tierno. Como a mi mamá no le gusta preparar ni siquiera tortas, cuando le pagan nos lleva a comer las mejores del mundo, que están en el puesto de la esquina de la avenida Popocatépetl con División del Norte, cerca de Autofin. Yo me sé las calles porque leo los letreros desde que soy chiquita. Cuando vamos a comer ahí siempre pido una de milanesa empanizada, con tomate, aguacate y lechuga. Me gusta ver cómo abren el pan y le sacan el migajón, que es deliciosísimo y más si está calientito. Celina dice que no hay que comérselo porque engorda mucho pero cuando compramos bolillos o teleras es lo primero que me como, y bien despacito para que no se me acabe. En algunas mercerías venden muñequitas de adorno que hacen con migajón. Mis comidas favoritas son el chocolate, el pan caliente, las gorditas, el pozole, el queso Oaxaca. Mi mami dice que soy una ratona. También el tamarindo, la jícama con limón, sal y chile, los chabacanos salados de chamoy, las Pastisetas y el agua de coco que nos compra mi papá en los viajes cuando vamos a la playa de vacaciones. Ah, y también los taquitos de cochinita pibil del mercado de Emiliano Zapata y los tacos de Manuel, que tiene un puesto en la esquina de Luz Saviñón y la avenida Cuauhtémoc, donde siempre agarramos el camión o la combi. Cuando a mi mamá le pagan o cuando mis abuelos nos mandan dólares vamos a comer esos tacos. Yo le digo a mi mami que lleguemos como a las seis de la tarde, cuando abre, porque así puedo ver a Manuel preparar la carne. Primero pone la cebolla picadita en el comal bien caliente con mucho aceite y le va dando vuelta con dos palas, una que agarra con la derecha y otra con la izquierda. Yo creo que él puede escribir con las dos manos, igual que yo. Luego echa la carne cortadita, espera un poquito y le pone tres o cuatro chorros de salsa de soya bien "abundantes", como dice mi mami, y revuelve todo muy rápido hasta que la carne se pone cafecita. Como la calle empieza a oler delicioso, la gente va llegando, igual que cuando pasamos por la tortillería o la panadería, que hay colas de personas esperando su turno. Entonces pone montoncitos de tortillas a los lados, como si fueran montañitas, y les va dando la vuelta para que se vayan calentando las de abajo, y luego parte a la mitad la montañita, y así las va moviendo, hasta que todas están calientitas. Parece como cuando Celina revuelve las cartas. Y la gente le va pidiendo uno, dos, tres tacos o un "Especial". Ese solo lo hemos pedido una vez porque es el más caro. Para ese, Manuel corta un pedazo de papel aluminio y echa un poquito de la carne y encima queso y lo cierra y lo deja un ratito en el comal. Luego lo sirve en un plato de plástico con ocho tortillas. Cuando la persona lo abre, el queso está derretido y se puede hacer sus taquitos bien ricos. *Entrados los veinte decidí nunca más volver a comer carnes. Una noticia que mostraba las condiciones de insalubridad en un matadero de reses y pollos me generó un despertar inmediato que, además, me llevó a indagar sobre la forma en que los otros animales nacen, crecen y son reproducidos como si fueran mercancía, objetos inanimados a los que se cría —usualmente con dolor y en condiciones terroríficas— con el único objetivo de quitarles la vida para vendernos sus cuerpos. Es decir que nosotrxs pagamos para que otrxs maltraten y maten. Descubrí lo obvio: que mamíferos, aves, reptiles, anfibios, peces e invertebrados tienen sistemas nerviosos que les permiten experimentar dolor y placer, es biología pura. También han desarrollado formas de vida gregaria, crean vínculos afectivos, juegan, exploran, aprenden, igual que los animales humanos. Eso sí lo sabemos por los animales no humanos que criamos en casa y que se vuelven parte de nuestras familias. Sus procesos de aprendizaje y el descubrimiento de su temperamento nos maravillan, nos enternecen. Registramos con amor los momentos cotidianos, les cuidamos cuando se enferman. En muchos casos, le dan sentido a nuestra vida. Hasta ese momento, jamás me había preguntado cómo llegaba la comida a mi plato, qué había detrás del cuero que calzaba o qué pasaba dentro de los laboratorios cosméticos y farmacéuticos donde se creaban medicinas y productos de cuidado personal que usaba. Era una obviedad que las carnes y las pieles provenían de los otros animales. Pero solo hasta que vi esas imágenes de vacas y terneros enfermos, sucios, hacinados; de pollos muertos en los galpones donde se extendían las enfermedades, a pesar del abuso de antibióticos a los que les sometían, entendí que yo también hacía parte de ese sistema necroeconómico. Yo me beneficiaba de los cuerpos —muertos o torturados— de animales cuya vida, además, había transcurrido entre el estrés y el maltrato continuos durante años. Es un hecho objetivo y constatable. Esa era la mercancía por la que yo pagaba y esa era la energía que le metía a mi cuerpo. Entendí que el sistema es perverso, además, porque genera una disonancia cognitiva con el fin de que jamás asociemos la utilización de la vida y el cuerpo de esos otros animales sintientes con nuestro estilo de vida. El sistema nos ha nublado la conciencia y ha escondido la violencia para que no nos cuestionemos y sigamos manteniendo esos negocios. Operan igual los regímenes autoritarios que imponen un único sistema de gobierno y satanizan a quienes son capaces de criticarlo y proponer uno distinto. ¿Por qué no comerse al pez mascota preso de por vida que tengo en la pecera pero, en cambio, sí un pedazo de pescado sin traza de sangre, ni ojos, ni vísceras, perfectamente limpio y empacado, criado quién sabe dónde y en qué condiciones? ¿Por qué no hacerse unos zapatos con la piel del perro o del gato que tengo en casa? Hasta la pregunta perturba. Pero, entonces, ¿por qué es más valiosa la vida de ese perro o de ese gato que amo que la de un ternero que no conozco, que destetan y llevan al matadero para, además, luego sacarle el calostro y la leche a su madre que se duele mugiendo día y noche por la separación? Las mamíferas, cuando parimos, nos llenamos de hormonas que despiertan un instinto salvaje para proteger a nuestras crías de cualquier amenaza de muerte. ¿Por qué es más valiosa mi vida y la de mi bebé que la de esa vaca y su ternero? La respuesta parece obvia: "Porque somos de especies distintas". Y sí. El especismo es el prejuicio más normalizado y extendido en el mundo, mucho más incluso que el sexismo, el clasismo, el capacitismo y el racismo que tantas tragedias han causado. Estos males que nos motivan y nos convocan a luchar tienen un origen común: el principio de superioridad. Discrimino porque asumo que mi vida es más valiosa que la del(a) otrx, no importa si me refiero al género, a la capacidad adquisitiva o cognitiva, al color de piel… o a la especie. ¿Cómo se puede enfrentar la injusticia y el dolor infligido a unos seres que, además, no pueden hablar ni defenderse, que están ocultos en criaderos, mataderos, laboratorios, que son extraídos y cazados en masa de ríos y mares, de campos y selvas? ¿Por qué nos indignamos frente a unas prácticas violentas y no frente a otras si ambas tienen un origen común? ¿Cómo resistir al sistema que esclaviza con nuestro dinero a miles de millones de seres sintientes y que, paradójicamente, se esconden a plena vista? [A la luz de todo lo que he intentado descifrar en este proceso de duelo —en el aterrador contacto con la muerte— es inevitable preguntarme si esta conciencia no es, quizá, una extensión de la lucha por la justicia para lxs más débiles que me transmitieron mis padres; si es producto de esa sensibilidad desbordada, de la identificación con quienes no pueden defenderse; o si es también una forma de ampliar la militancia feminista; o la manera que encontré para hacer mi propio camino, mi contribución a un mundo mejor. Quizá es todo al mismo tiempo. ¿Importa desentrañar, a todas horas, el origen de las cosas?].*

Me gusta ver cómo Manuel hace todo tan rápido. Parece "peluquiando locos". Ese es un dicho colombiano muy chistoso que mi mamá repite, y otros que le enseñó la abuela Aurora, que nació en Tunja, una ciudad en Colombia donde hace mucho frío y la gente es muy elegante. Y también repite los del agüelo Tomi, que era de un pueblo que se llama Sogamoso. Yo me los sé todos: "al que madruga, Dios le ayuda", "no dejes para mañana lo que puedas hacer hoy", "alábate pato que mañana te guisan", "primero el deber y luego el placer", "todo obra para bien a los que aman a Dios", y más pero ahora no me acuerdo. A veces le pido a mi mamá que me enseñe a hablar como las tías Azulay, las hermanas de su mamá, que son "rolas", o sea de Bogotá, y nos morimos de la risa porque pronuncia la erre como si fueran muchas erres, y pone la boca como si fuera un pajarito, y dice: "Hala, mi chinita, sumerrrcecita, estás chirrriadísima y sumamente célebre, mejor dicho, estás chusquísima", y palabras así que no sé qué significan. Nunca termina de hablar porque se le pega nuestra risa y cruza las piernas "para no mojarse".

Los fines de semana vamos a jugar al Parque de los Venados, y cuando tenemos dinero mi mami nos lleva a Chapultepec, que está más lejos. Para ir allá hay que agarrar el metro y hacer transbordo de la línea verde a la rosa. Yo me sé casi todas las estaciones del metro porque son de colores diferentes: está la línea verde amarilla, la verde oscura, la azul clara, la azul oscura, la amarilla y la amarilla oscura, y también la rosa, la café y la naranja. Además, me aprendí cómo se llaman muchas estaciones porque tienen nombres de los dioses aztecas y los héroes de la Independencia que me enseñan en la escuela, como Cuauhtémoc, Moctezuma, Cuitláhuac, Nezahualcóyotl, los Indios Verdes, Zapata, Hidalgo, Morelos, Guerrero y General Anaya, donde está la privada en la que vivían Guada y mi papá, en la colonia Churubusco, cerca del "Museo de las Intervenciones". No sé qué quiere decir ese nombre pero suena muy elegante y me gusta repetirlo, igual que "exiliado", aunque ya sé que es algo malo. También me sé las estaciones que tienen nombres de lugares como Tacuba, Tacubaya, Salto del Agua o Garibaldi, que es donde están los mariachis que le gustan a mi mamá y que quiere que le llevemos cuando se muera. También sé dónde está la estación de Tepito porque ahí nos bajamos para ir a La Lagunilla, donde mi mami me compró mi rebozo y mi falda fiusha para bailar el jarabe tapatío en el Día de la Independencia, pero eso luego lo cuento. Ese lugar es muy peligroso, pero a mi mamá nada le da miedo, en cambio a mí sí. Me gusta aprenderme los nombres y también las estaciones donde se hacen los transbordos, que siempre están llenos de gente. Por eso en el metro siempre le agarro bien fuerte la mano a mi mamá y pongo mucha atención porque me da mucho miedo perderme. Cuando tenía cuatro años me pasó eso en Gigante, que es un súper donde venden comida y juguetes, y tiene afuera una maquinita con una cortina y un banquito que toma cuatro fotos si le echas monedas. Le solté la mano a mi mami y me puse a ver todo lo que hay en el súper, y luego no la encontraba, entonces empecé a llorar y una señora me vio y me llevó donde ella. Cuando me acuerdo de eso me preocupo. Igual que cuando me acuerdo de un día que me puse furiosa con ella y también le solté la mano, y crucé la avenida Emiliano Zapata. Como yo era muy chiquita, no sabía cruzar calles, y en eso venía un trolebús, que es un camión bien grande que tiene unas cuerdas en la parte de arriba, eso no lo sé explicar, y casi me atropella pero frenó bien cerquita de mí. Menos mal porque cuando lo vi, de la impresión, me quedé como si me hubieran echado Resistol en los zapatos. Y lloré mucho del susto. También me preocupo cuando veo los anuncios en la tele de niños que no encuentran a sus papás. Y a veces sueño con eso. Cuando salimos a la calle siempre estoy "bien atenta", como dice *miss* Brenda, para que no me vuelva a pasar nada de eso. En el metro siempre voy calculando el tiempo, contando las estaciones y repitiendo los nombres, por eso siempre sé cuántas faltan para llegar a donde vamos. También veo los mapas que hay en las entradas y busco los transbordos para saber dónde nos tenemos que bajar, y mi mami me dice que la "guíe", eso significa que la lleve a donde vamos porque ella quiere que aprenda muchas cosas que no enseñan en la escuela. Si estamos en el camión, y nos podemos sentar y ver por la ventana, me fijo bien en las calles y leo todos los nombres de las placas que alcanzo, y las repito para acordarme siempre. Pero cuando me lleva al colegio, como siempre, va lleno y casi no podemos entrar de tanta gente que hay. Entonces nos quedamos en la mitad del camión y no podemos ver las calles. Yo solo veo piernas porque soy chaparrita. Mi mami siempre me dice que "tenemos la misión de llegar a la puerta y bajarnos". Por eso ella va pidiendo "permiso-permiso-permiso" para que nos dejen pasar, y yo digo "gracias-gracias-gracias". Como no veo por dónde vamos, calculo en mi cabeza la calle por la que vamos pasando, y juego a adivinar cuántas nos faltan para bajarnos. Eso lo hago si vamos a un lugar que conozco, como la iglesia, el colegio, la Sociedad Bíblica o el Jelens, que es donde mi mamá nos celebra los cumpleaños cuando tiene dinero. Me encanta ir ahí porque los meseros se ponen al lado de tu mesa, tocan unos platillos y un tambor, y le dicen a todo el mundo que es tu cumpleaños. También cantan "Las mañanitas" y te sirven un pastel chiquito con una lucecita de bengala y empiezan a decir "¡mordida-mordida-mordida!". Luego quitan la luz de bengala, y cuando vas a morder el pastel, un mesero tiene escondido un plato con mucho merengue y te lo embarra en toda la cara. Entonces le tienes que dar un beso a tu mamá y otro a tu papá. Yo se lo doy solo a mi mami y a Jero porque mi papá nunca va. Él siempre está muy ocupado en sus reuniones y en sus clases en la universidad. A veces también los tres vamos al cine, y mi mamá nos compra un helado de yogurt con frutas, salsas y chispitas de chocolate. Yo siempre guardo la cuchara roja que es larga y la copa porque así me acuerdo de esos días tan lindos que pasamos juntos.

A veces en las mañanas acompaño a mi mami a hacer diligencias. Entonces buscamos a las indígenas que venden comida a la salida del metro, y nos compramos un atole y un tamal que están calientitos porque los tienen guardados en unas ollas grandotas que echan humo. Yo siempre pido de salsa verde y ella de mole con pollo. Solo uno porque dice que cuando comes tienes que quedar con un poquito de hambre, como Olga Brinski, que es una "vedet", o sea, una mujer muy guapa que sale en la tele y que todo el mundo quiere, igual que María Félix, que era la novia de Pedro Infante, un charro que cantaba bien bonito. También era actor de cine, igual que ella, lo malo es que él se murió muy joven y ella se quedó sola. Cuando Celina me contó esa historia me puse triste porque estaban muy enamorados pero tuvieron que separarse.

Con mi mami siempre aprendo cosas como, por ejemplo, que para que me quieran no puedo ser gordita, como soy, ni disfrutar tanto la comida ni los olores porque eso me engorda y no está bien engordar. Tampoco está bien imaginarme que le parto la cabeza a mi hermano con un hacha cuando me molesta porque "eso no es de Dios" aunque, cuando me lo imagino, se me quite la rabia. Y ya sé que a los hombres les sirven más comida y les dan más dinero porque son los preferidos de Dios, aunque sea injusto y en la Biblia diga que todos somos sus hijos y que "nos ama por igual". Tenemos siempre que portarnos bien para "no despertar la ira de Dios", que es algo muy malo y da mucho miedo. Aunque todavía no entiendo cuando las maestras dicen "niños" pero también hay niñas, ya sé que debo hacer las tareas "perfectas", no importa que me cueste mucho trabajo, que me duela el brazo y la mano o que al final llore. Y hay que estar siempre bien peinada "como una princesa", aunque me duelan los jalones de mi mamá y todos los días grite y me ponga brava con ella porque para estar bonita hay que aguantarse el dolor. También aprendí que las mujeres deben caminar imaginándose la línea recta y que llevan muchos libros en la cabeza, ah, y con las piernas cerradas, aunque sientan que se van a caer, porque no pueden verse vulgares. Y que debo ser obediente para que Dios me quiera y no me castigue porque él nos ve todo el tiempo desde el cielo y desde todas partes al mismo tiempo, como dice la Biblia, aunque eso tampoco lo entiendo muy bien. Ya sé que es mejor repetir y repetir y repetir las cosas para que no se me olviden, como, por ejemplo, que tengo una "misión en la vida", que es "salvar" a mi papá porque yo soy "un instrumento de Dios", por eso tengo que "ser un ejemplo", y si oro mucho y soy muy buena, un día él "va a venir al camino del Señor y se va a convertir". Menos mal que tengo buena memoria y me aprendí bien todo lo que me enseña mi mami y también lo que me dicen en la escuela y en la iglesia.

4

Los terremotos, la vulnerabilidad

Yo quisiera, Cielito lindo, que ese par de ojitos verdes cantaran y no lloraran porque bien sabes, Cielito lindo, que "cantando se alegran los corazones". Y soltando tus amadas palabras al viento quizá, también, puedan irse curando las heridas de los recuerdos. Te escucho, me escucho, nos escuchamos. Son las 7:18 de la mañana. Mi papá está abajo en la cocina haciendo el desayuno *[Te extraño, papi, ¿a dónde te fuiste?].* ¡Guácala! Huevos revueltos aguaditos y casi crudos. Pero mejor así que tibios, que son como un agua pegajosa con el peor olor del mundo. Me dan muchas ganas de vomitar de solo acordarme. A mí me gustan doraditos pero nunca lo digo. Me aguanto la respiración, trago rápido y tomo un poquito de jugo de naranja que me hace arder el estómago pero me quita ese sabor a huevo asqueroso. A mí solo me gustan los huevos estrellados con la yema durita y con su tortilla frita, como los prepara Celina, que son los más ricos. Esos se llaman huevos rancheros y se les pone salsa roja o verde para que sepan más ricos. Sería más fácil decirle a mi papá que no me gusta cómo los prepara pero no me atrevo. Y por eso siempre me imagino a mi mamá diciéndome "Cielito, de pena se murió un burro en Cartagena…" y el final de ese refrán que ya dije que no me gusta. Ella es salvaje, aventurera y libre, y por eso hace lo quiere y no le tiene miedo a nada ni a nadie. Pero yo no soy así. A mí sí me dan miedo muchas cosas, como los ruidos fuertes, los gritos, las peleas, cuando la gente se enoja y dice groserías, y también me da susto decirle a otra persona lo que quiero porque si no le gusta lo que digo, se puede poner brava conmigo. A mí me pone muy triste que me regañen porque soy muy sensible y soy artista, por eso casi siempre lloro, aunque trate de aguantarme. Y, además, si esa persona se enoja conmigo después ya no me va a querer. Y yo quiero que siempre me quieran porque se siente bien bonito cuando alguien te abraza y te dice cosas lindas.

Entramos al colegio a las ocho y "vamos sobre el tiempo", como dice mi mami, o sea que ya casi toca salir. Yo me estoy poniendo los zapatos y Jero las medias. Anoche nos quedamos en el sofá cama del estudio que tienen mi papá y Guada, y que está lleno de libros y huele rico. Esta casa queda en la calle Río Churubusco, cerquita al Museo de las Intervenciones, que ya dije antes. En el cuarto del lado duermen mis hermanitos, Saulo y Maya. Ella es una bebé muy linda que un día casi se ahoga pero mi papá se dio cuenta de que se estaba poniendo morada y le dio "respiración boca a boca", o sea que le dio un beso en la boca y le echó aire, y la salvó. Menos mal porque todo sería muy triste si Maya se hubiera muerto. Yo creo que ya se nos hizo tarde. Con mi mamá y mi papá siempre hay que apurarse porque casi siempre llegan tarde, eso también ya lo dije. Mi hermano Jero, "para variar", así dice la *miss* Claudia, siempre se demora haciendo las cosas. Me rabia porque yo las hago lo más rápido que puedo. Pero él es así, "lerdo", dice mi mami en colombiano, y eso quiere decir lento. No le importa que lo regañen y tampoco se preocupa por nada. En cambio yo sí, y por muchas cosas. Cuando sea grande quiero ser como él, solo un poquito.

De repente siento que el cuerpo me empieza a dar vueltas, como si fuera el compás que usa mi hermano en sus tareas de geometría y que a veces me presta para jugar. Me parece que hago unos círculos cada vez más grandes pero no me caigo porque mis pies están pegados al piso. No entiendo. Entonces, Jero me dice "Cielito, estoy mareado". Y yo le respondo que yo también. En esas se escucha un ruido tan fuerte-tan fuerte que siento como si tuviera mucha electricidad en el cuerpo, igual que cuando Jerry electrocuta a Tom. Ese ratón es muy malo. Siempre me preocupo cuando veo esa caricatura porque a Jerry nunca lo castigan por hacerle cosas tan malas a un gato que es bien bueno. Eso es injusto. Nuestros amiguitos dicen que en esta privada donde está la casa de mi papá hay espíritus o espantos, como decimos en México, porque en este lugar mataron a mucha gente en la Revolución y esas son las "almas en pena" que a veces cambian las cosas de lugar, abren y cierran las puertas, y mueven los libros sin que nadie se dé cuenta. Yo lo vi en la película de *Los cazafantasmas* cuando fuimos al cine con Jero. Ah, y también hacen ruidos como el que acabamos de escuchar.

Me da tanto miedo que salgo disparada a buscar a mi papá que está abajo, en la cocina. *No fueron los espíritus sino la biblioteca de la casa contigua que se estampó contra el suelo y sonó como la explosión de una bomba.* Todo se mueve mucho pero yo bajo las escaleras corriendo y sin caerme porque como soy bailarina de balé y del jarabe tapatío, tengo mucho equilibrio. Pero me asusto más cuando escucho a mi papá gritar "¡está temblando! ¡Rápido, a los marcos de las puertas!". No sé qué significan "los marcos de las puertas", *pero nunca voy a olvidar esas palabras. Hoy, igual que entonces, las escucho idénticas, como si el tiempo hubiera congelado el recuerdo.*

Entro a la cocina donde todo se está moviendo y paso corriendo por el lado de la mesa. Mi papá está parado en la puerta del patio, que está abierta. Lo abrazo muy fuerte. No entiendo qué pasa pero estoy temblando como si tuviera frío. Todo se mueve muy fuerte para un lado y para otro, y también para arriba y para abajo. *Todo al mismo tiempo en una extrema confusión.* Estoy viendo el patio y, *jamás podré sacar esa imagen de mi memoria,* el piso de cemento se mueve como un columpio, de un lado para el otro, y nunca para. *Fueron noventa segundos pero en mi recuerdo aquello duró hasta el infinito.*

—Papi, ¿por qué pasan estas cosas?

—Es la fuerza de la Naturaleza, hija.

Esas palabras me hicieron sentir un terror nunca antes conocido. Entendí que se trataba de algo tan poderoso que estaba fuera de cualquier control humano. Era la indefensión, la impotencia, el sentir y entender que, de verdad, no somos nada. Adentro de la piel siento rayos amarillos y naranjas, como si me fuera a explotar, y el corazón me late como si fuera un caballo de carreras. Casi no puedo respirar. *No había voces humanas, solo se escuchaba un estruendo sostenido. Era el latido de la Tierra, era su voz. Y cuando la Madre habla, sus hijxs callan.* Estoy abrazada a la pierna de mi papi. *Estábamos presentes, como nunca antes. Toda una ciudad, diecisiete millones de personas siendo testigos de aquel momento, tan único y tan irrepetible. El aquí y el ahora irrumpían con tal autoridad que alcancé a percibir la urgencia de la vida, la cercanía de la muerte y, en medio de semejante claridad, una perplejidad nunca antes experimentada. Veintiocho años después volví a conectarme con esa crudeza cuando, junto con el padre de mi hijo, dejamos a nuestro bebé de diez días de nacido en cuidados intensivos sin saber si al día siguiente lo encontraríamos vivo, muerto o con un daño cerebral irreversible. De nuevo, aquel temblor en las piernas y la sensación de que el pasado y el futuro habían desparecido. Solo existía el presente, aquel perturbador e intenso presente en el que volví a ser consciente de que no somos nada. Atención plena. [¿Es necesario tanto de esto?]. Nueve años después de lo del niño llegaría un cataclismo de igual magnitud cuando, bajándome de un avión en el que viajaba de Estocolmo a Madrid, encendí el teléfono y recibí la llamada del padre de mi hijo al tiempo que veía actualizándose las docenas de chats lamentando la muerte de mi padre. [¿Por qué te fuiste estando yo tan lejos, papi? Ahora ¿qué voy a hacer con estas ganas que tienen mis brazos de abarcar tu cuerpo? ¿Qué hago con mis manos que ya no pueden acariciar tu pelo? ¿Dónde volveré a encontrar tu olor, el sonido de tu voz, la sabiduría de tus palabras? ¿En dónde hallaré consuelo?]. El terremoto que supuso la partida de mi padre me dejó atrapada en los escombros durante setecien-*

tos cincuenta y dos días. A medio camino, y sin entender muy bien cómo quitarme las losas del alma, cómo salir de aquel agujero negro para volver a reconstruir mi mundo, un nuevo cataclismo volvió a destruir lo poco que había quedado en pie. [¿Cuánto dolor es capaz de soportar el corazón antes de explotar en mil pedazos?]. Pepe, mi compañero de cuatro patas y sus ojos de agua se habían ido. Quise pensar que ahora era parte de las montañas, de los ríos y de las nubes. [¿Cómo saberlo? No hay certezas, solo la muerte]. Tengo los ojos pegados al cemento, *el piso del patio,* que va y viene, va y viene, igual que las olas del mar de Veracruz que nunca voy a olvidar. Ese día *que me dejaron sola* me metí al mar con mi salvavidas y las olas me revolcaron. Aunque ya lo dije, es la vez que más miedo he sentido, y la del kayak en Puerto Ángel *llegué a creer que moriría ahogada. ["Siempre me encontrarás en el mar", como un mantra. ¿El pasado ahora es presente? El pasado, ¿era una premonición? ¿El mar que amenazó con matarme tantas veces, luego de tu muerte me conecta con tu vida?].* Quiero llorar. Casi siempre tengo ganas de llorar. *Estoy llorando, todos los días igual. [¿Para qué (¿sirve?) la memoria?].* Ese movimiento del piso de cemento, papi, *me sumergió en un trance,* ¡quiero que pare ya, por favor, haz que pare!

Paró. Nada se mueve ya. *Todo se detuvo. También el tiempo, aunque la mirada hipnótica, impregnada para siempre de asombro y desconcierto, se instaló en mi memoria y en la de aquellos millones de personas, por los siglos de los siglos, amén. Ese piso que no dejaba de moverse me conectó con lo primigenio, con lo que importaba de verdad: la vida, el presente, el amor, la muerte, el dolor de los inicios y, también, el desgarro que dejan los finales. Tantas historias siendo vividas al mis-*

mo tiempo y, sin embargo, todas distintas, inabarcables. ¿Cómo narrar un sentimiento de pérdida, cómo relatarlo, además, cuando es masivo? ¿Evocando los segundos previos, los posteriores? El mundo conocido está, existe, vibra y, en un momento, sin previo aviso, se esfuma, desaparece, no está más. Reconoces, entonces, la incertidumbre, la sientes, la hueles, te acaricia. Y ya no queda más remedio que intentar armar todo de nuevo, cuando se pueda —que nunca se sabe cuándo será—, si es que se puede. Quiero llamar a mi mamá y contarle lo que nos acaba de pasar. Pero no sé cómo. El teléfono no funciona. Se me olvidaron todas las palabras que he aprendido en la escuela, en las reuniones con mi papá y en la iglesia con mi mamá. Ya no me acuerdo de las que me enseñan Jero y *miss* Yola. Quiero "describir", como cuando en la clase de Español nos enseñan a usar los sustantivos, los adjetivos calificativos, los sinónimos y los antónimos. "Hay una mesa que tiene patas, es alta, no es bajita, es redonda no es cuadrada, está pintada de azul no de verde". Son las 7:21 y ahora no sé dónde puedo encontrar las palabras que se me perdieron, *las sensaciones intensas, confusas, se superponen y no encuentran referentes conocidos*, tampoco sé explicar lo que le pasa a mi cuerpo. Es más fácil cuando siento amor, que me dan ganas de acurrucarme y abrazar a mi mamá, y le hablo bajito, "mami, me gusta estar contigo". O cuando me siento triste, que me duelen los ojos porque tengo muchas lágrimas que se me quieren salir y, entonces, lloro y digo "¡¡¡extraño a mi papiii!!!". O cuando me pongo furiosa y le arranco la cabeza a la barbi, y grito de la rabia, *impotencia* y muerdo a Jero porque me quitó mi dinero, y me imagino que lo estrello contra una pared y le parto la cabeza con un hacha, *mis arranques de frustración acumulada, mis deseos recurrentes de huir de una realidad, muchas veces, insoportable, de hacer justicia frente al abuso repetido durante tantos años. La tiranía de lxs hermanxs.*

Exprimo un limón en una copa, le añado sal, como me enseñó mi papá. Le pongo chile piquín, para seguir recordando. Sirvo una cerveza Corona, como las de la Casa Colombia. Veo en YouTube las imágenes más insólitas de una destrucción sin precedentes hasta entonces en la historia de México que, sin haberme percatado antes, han habitado las profundidades de mi cerebro durante treinta y ocho años. [Trauma. Negación. Resiliencia]. Brindo conmigo misma por la Vida, por haber experimentado el horror y poder contarlo tantos años después. [¿Qué lotería es esta? ¿Por qué unas personas quedaron aplastadas entre las gruesas capas de concreto que se desmoronaron como trozos de pan viejo? ¿Por qué otras lograron salir de los escombros mientras que cientos de miles lo perdieron todo —familias enteras, el trabajo de toda una vida—? Lo impensable, el absurdo. ¿Existe alguna razón, causa o consecuencia por la que personas como yo "solo" hayamos perdido la inocencia de creer que la vida era eterna? ¿Por qué murieron "ellxs" y no mi familia, mis amigxs? ¿Por qué no yo? Varios terremotos y nunca nos tocó a nosotrxs]. Sobreviví, sobrevivimos. Y, sin embargo, haberlo hecho también nos partió la vida en dos. En realidad, nos la partió a todxs, a los diecisiete millones de personas que vivíamos en aquel Distrito Federal, aquel 19 de septiembre de 1985. A las 7:17:49 éramos unxs. Minuto y medio después, a las 7:19:21, empezábamos a transitar entre el desconcierto, el no ser capaces de procesar lo vivido, y el estar con el llanto y la risa a flor de piel, durante muchos años. Aquel amasijo de emociones afloraba en forma de estado de alarma y vigilia permanentes, insoportables. Esa certeza, que nunca se fue, de ser una gota de agua en el universo, una hormiga que podía ser aplastada en cualquier momento, se instaló en nuestros cuerpos y nunca más nos abandonó.

Son las 8:11. No se escucha ningún ruido. *Estruendoso silencio. Hasta los espantos se asustaron.* Como Guada y mi papá son profesores de la UNAM, tienen que ir a dictar clase, pero antes nos llevan al colegio. Ellos dicen que en México siempre hay temblores, y que hay que ir al trabajo y a estudiar porque "la vida sigue". No entiendo qué significa eso. Vamos escuchando la XEW, donde dan las noticias, como todos los días. Hoy no hablan de Irak e Irán. Me gusta cómo suenan esas palabras juntas, parecen hermanas gemelas, como Asia y África, que son mis amiguitas de Emiliano Zapata. Está hablando Jacobo Zabludovsky. Me gusta su apellido y ya lo puedo pronunciar aunque es difícil. Dice que en la avenida Cuauhtémoc hay edificios y teatros que se cayeron. Y también el edificio de Televisa en el que graban *Siempre en Domingo* y *Chabelo*, y cuatro hoteles muy elegantes y famosos que están en la avenida Juárez. No sé cómo es un edificio derrumbado. Nunca lo he visto. Ni en las películas. En el camino al colegio no hay nada de lo que explican en el radio, y mi papi dice que eso es porque en Coyoacán casi no hay edificios. Todo está igual que siempre. *Fue difícil entender lo que escuchábamos. Transitando, luego, por otros sectores de la ciudad vendría el descubrimiento del Armagedón y el impacto en el pecho, el sentir la respiración contenida.* Yo voy a segundo de primaria y Jero a primero de secundaria. Ya llegamos a la escuela pero hoy vinieron poquitos niños. Mientras empiezan las clases cada quien cuenta lo que le pasó. Tania y yo estamos preocupadas por Mónica, que es de las niñas más aplicadas del salón pero no sabemos por qué sus papás siempre le pegan, hasta con el cable de plancha, y todo el tiempo está triste y llora, y se le salen los mocos. A veces tiene heridas en el cuerpo, y a mí me dan ganas de partirle la cabeza a sus papás y de rescatarla de esa familia tan horrible. Ella siempre es la primera que llega a la escuela pero hoy no está. Cuauhtémoc, que es un compañerito muy inteligente que me gusta mucho, aunque nadie lo sabe, dice que cuando venía a la escuela el semáforo se puso en verde y menos mal que su papá arrancó bien rápido porque, cuando se dieron cuenta de que estaba temblando, un edificio se cayó encima de los coches que venían atrás del suyo. ¡Qué susto! Yo pongo mucha atención cuando las personas hablan y veo en mi cabeza todo lo que dicen. Por eso si cuentan cosas muy tristes o muy asustadoras se me pone la piel chinita, y también me da mucho calor y muchas ganas de llorar. Gabriela nos contó que vio una grúa que se cayó encima de un carro y lo aplastó. Yo creía que eso solo pasaba en las películas de terror que me gusta ver con Jero y con Bety, que es una amiguita a la que le daban de comer ancas de rana para que engordara, y juntas íbamos a las clases de gimnasia olímpica, natación y manualidades en el DIF. *Nunca imaginamos que acabábamos de presenciar el terremoto más violento en la historia de Mexico, y el más fuerte en intensidad en todo el hemisferio norte, en el siglo XX, hasta ese momento. Las cifras oficiales —ya de por sí escandalosas— siempre fueron apro-*

ximadas y representaban solo la tercera parte de lo que reportaban otras organizaciones no gubernamentales en aquellos momentos de inmensa desconfianza frente a la ineficiencia y la opacidad de la institucionalidad. Diez mil muertos; cinco mil quinientos desaparecidos; siete mil heridos; seis mil edificios dañados; mil quinientas escuelas, once hospitales; noventa y siete cines y teatros colapsados, entre otras infraestructuras. El terremoto del 19 de septiembre fue de 8.1 grados en la escala de Richter. Según el geólogo Zoltan Czerna, citado por Carlos Monsiváis, "en un sismo representa energía elástica liberada de $9 \times 1\,023$ ergios que, a su vez, equivale aproximadamente a 1 114 bombas atómicas de 20 kilotones cada una, semejantes a la que se arrojó sobre la ciudad de Hiroshima al final de la Segunda Guerra Mundial". En la escala de Mercalli, que mide la intensidad de los sismos, este fue catalogado en grado IX como "violento" o "muy destructivo" en sus movimientos, que fueron trepidatorios y oscilatorios al mismo tiempo. Las ondas que venían del sur del país atravesaron la ciudad y chocaron con la sierra de Guadalupe. Al devolverse encontraron a las que seguían llegando desde el sur, donde se habían originado. A ese punto de encuentro de ambas ondas se le llama nodo y el efecto destructivo es implacable. El hipocentro del temblor, además, fue muy superficial, de tan solo quince kilómetros. Entre menos profundidad tenga su origen, menor capacidad de absorber la energía tendrá la tierra, y más devastador será el terremoto.

México, D. F., a 19 de septiembre de 1985. Estado de ánimo: muy asustada. Estado del tiempo: nublado. En la viñeta de mi cuaderno de Español dibujo una cara con los ojos bien abiertos.

Paso las líneas rojas de los márgenes con mucho cuidado con mi lápiz bicolor, aunque la regla se me mueve porque otra vez me pasó como en la mañana, que me tiemblan las manos. *El impacto emocional ante la inconmensurable "fuerza de la Naturaleza" conecta con la certeza de transitoriedad, de finitud e insignificancia. Después de eso difícilmente se puede vivir en un estado de inconsciencia prolongada. ¿Qué pasará [qué pasó] en la mente de lxs niñxs aterrorizadxs luego de ser testigos de la destrucción, en aquellos imborrables días de septiembre de 1985? ¿Cómo impactaron las historias de muerte y sobrevivencia que se escuchaban a todas horas en la calle, en el metro y en el bus, en la tienda, entre vecinxs, durante tantos meses y tantísimos años? Nunca lo sabremos. [¿Para qué (escarbar en) la memoria?]. ¿Quién indaga en los recuerdos de lxs niñxs? Sus voces, tiernas, inocentes, traumatizadas, ¿son tenidas en cuenta en los relatos fundacionales? [¿Dónde? ¿Cuándo? ¿Para qué]. No se escuchan, no las oímos, no están. Las memorias de lxs adultxs —de ellos, sobre todo— son pura ausencia de neutralidad. Estamos hartas de los relatos que inundan las bibliotecas del mundo, casi todos con voces e imaginarios masculin(izad)as, casi siempre en torno al poder, a la venganza y la gloria. ¿Dónde están las narrativas de las mujeres, esas que escarban en los sentimientos y en las sensaciones, en las anécdotas cotidianas, en lo que nunca ha parecido "importante"? ¿Quién decide qué es lo que importa? ¿Para quién se escribe? ¿Qué voces son "dignas" de ser publicadas? ¿Dónde están las de lxs niñxs? Habrá que seguir haciendo espacio, Cielito. Soy tu escribana. Estoy atenta.*

Mi mamá vino a la escuela a traernos unos libros forrados que nos hacían falta porque acabamos de empezar el año escolar.

Y también vino a contarnos que no le había pasado nada porque ya dije que los teléfonos se dañaron y no podemos llamarnos. Cuando la vi lloré mucho porque no sabía si se había muerto aplastada en el edificio donde vivía, que es muy alto, como dijeron en la radio que le había pasado a mucha gente. *Durante días, meses y años, la destrucción era el paisaje cotidiano: por todas partes edificios cuarteados, abandonados, torcidos, derrumbados, derruidos, como si viviéramos en una ciudad arrasada por las bombas de la guerra. Pasado un tiempo, cada tanto, veíamos lotes vacíos luego de la remoción de los escombros. [¿Vacíos? Estaban llenos de historias que habían desaparecido para siempre, y de dolor]. A raíz del terremoto, el Distrito Federal viviría la mayor crisis de comunicaciones de toda su historia. No había forma de contactar ni con el interior ni con el exterior de la ciudad. Funcionaron los anuncios en la radio y los comunicados por televisión donde se buscaban familiares (más de treinta y nueve mil las primeras semanas). Fueron definitivas, también, las hordas de radioaficionados que, de forma muy articulada, ayudaron en la organización de las brigadas ciudadanas para contactar con las familias en el exterior. Casi seis meses después, las comunicaciones nacionales e internacionales se restituyeron por completo. Mientras tanto, los telegramas y los télex fueron los medios más usados para enviar y recibir mensajes. Más de seiscientos mil en los primeros días.*

Ya es de noche y mi mami se tuvo que ir porque casi no hay combis. No se puede quedar en la casa de mi papá porque ella siempre pelea con Guada. No sé por qué no me puedo ir con ella. Guada le está cambiando el pañal a Maya y yo estoy cerquita de ella todo el tiempo porque tengo más miedo que todas las veces que he sentido miedo. Todo el día y toda la tarde ha estado temblando aunque no tan fuerte como en la mañana. Se llaman "réplicas", dijo Guada, y es "normal". Ella no está asustada y, de broma, mueve una lámpara blanca que me gusta mucho, pero yo pienso que otra vez está temblando y me asusto más. Ahora tengo ganas de llorar todo el tiempo y no sé cómo estar tranquila. Casi no puedo respirar pero no le digo nada. Me da miedo acostarme a dormir. No quiero cerrar los ojos. Los vecinos están afuera de las casas y pusieron tiendas de campaña porque también están muy asustados de dormir adentro porque dijeron que las réplicas hicieron que se cayeran más edificios y más casas. Mi papá no está. Salió con Jero a ayudar a sacar a la gente de los "escombros", que son los pedazos de los edificios. Nunca había escuchado tantas palabras nuevas juntas como las que están diciendo en el radio, *todas asociadas al desastre que, en adelante, entrarían a formar parte del léxico cotidiano: alarma, alerta, amenaza, catástrofe, colapso, cooperación, damnificados, derrumbe, desaparecidos, destrucción, devastación, duración, energía, epicentro, escala de Richter, escombros, evacuación, explosión, falla, gráfico, grietas, hipocentro, impacto, incendio, intensidad, magnitud, placas tectónicas, refugio, réplicas, rescate, ruinas, seísmo, simulacro, sismo, sismógrafo, sobreviviente, solidaridad, telúrico, temblor, terremoto, trepidación, víctima, voluntario, zona.* En la casa recogimos agua porque en las noticias dicen que no va a haber en muchos días porque se rompieron muchísimos tubos, *más de un millón de personas resultaron afectadas,* y también se dañaron los cables y postes de la luz en todo el D. F. Por eso también prendemos velas en la noche y tenemos una linterna roja de manija que usa unas pilas grandotas. Pero no la podemos usar mucho porque se gastan y luego es difícil comprarlas porque ahora en el súper ya no venden tantas cosas como antes. A mí me asusta mucho la oscuridad, y más en esta privada, donde ya dije que hay espantos, y si otra vez tiembla quiero estar despierta y con alguien que me cuide. Cuando estoy con mi papá a veces siento como si nadie me quisiera porque no soy de esta familia. Aunque Guada es muy cariñosa conmigo no es mi mamá, y con mi papá no estoy casi nunca. Por eso quiero irme a la casa de mi mami para estar con ella y que Jero se venga con nosotras para estar los tres juntos. Pero tampoco lo digo. Hace un rato escuchamos en la radio a Israel, el esposo de Xochi, la hermana de Guada, diciendo que no iba a volver a temblar. Él sabe mucho de la tierra porque es profesor en la UNAM y enseña "geología", que no sé qué es. Pero yo no estoy tranquila y solo quiero estar con mi mami. Todo el tiempo veo en mi cabeza el cemento del patio moviéndose de un lado para el otro y siento otra vez esa cosa naranja con rojo y amarillo en el cuerpo. Y me acuerdo de las historias que me contaron mis compañeritos. No me quiero sentir así de triste, a mí me gusta estar feliz y me gusta reírme, pero estoy muy asustada y t e n g o   m u c h o   s u e ñ o   o   p o r   e s

o   c r e o   q u e   m   e

Ya es de día otra vez. Mi papá y Jero llegaron muy tarde anoche. Mi papi tiene hoy la cara de preocupación más grande que siempre y fuma más cigarrillos que nunca. Dice que parece que hubieran caído muchas bombas. Me acordé de lo que dijeron en el radio. Hay muchos edificios destruidos y muchas personas que se quedaron adentro, aplastadas, aunque están vivas pero no pueden sacarlas a todas. Y por eso hay que ayudar en el día y en las noches. Mi papi también nos contó que han rescatado a bebés y a niños vivos, pero también a muchos adultos muertos. *El terremoto de 1985 fue también el inicio de un viaje ciudadano sin precedentes que mostró el poder de lo colectivo, el encuentro de la vulnerabilidad con la solidaridad, el abrazo gigantesco en medio de una tragedia que trascendió cualquier diferencia de clase, de ideología, de género. Si alguna vez tuve la certeza de pertenecer a algo más grande que mi enrevesada familia, paradójicamente, fue a raíz de aquella catástrofe. Con el paso de los días, las semanas y los meses me di cuenta de que éramos parte de un todo en el que cada vida era valiosa, y que no había necesidad de conocerse para ofrecer y recibir ayuda, un abrazo inesperado, cualquier palabra de aliento. Era un atisbo, quizá, de la utopía por la que habían luchado mi padre y sus compañerxs: un mundo sin clases sociales donde la colaboración en función del bien común era el motor de las acciones cotidianas. Al escribir estas líneas por primera vez en treinta y ocho años me hago consciente de cuánto influyó en mí el saberme parte de esa manada de tantos millones de habitantes. Recuerdo tener encharcados los ojos cada vez que escuchaba y cantaba aquel comercial que empezó a emitirse por la radio y la televisión: "Solidaridad, desde hoy en adelante crecemos juntos". Y lo mismo con las tantas canciones que se compusieron para imprimirle fuerza a la gente que nunca se rindió. Me sobrecogía especialmente "Cantaré, cantarás", un encuentro de artistas iberoamericanos que reconocía el valor de esta ejemplar ciudadanía mexicana que se volcó desde todos los rinco-*

nes de la República. Estas canciones nos enseñaron a las nuevas generaciones que juntxs éramos capaces de lo imposible. Y, quizá, también influiría en la respuesta ciudadana frente a los terremotos que vinieron años después, coincidencialmente, en la misma fatídica fecha. Al revivir este pasado enterrado en lo profundo de mi inconsciente me doy cuenta de que aquella experiencia me dejó, además de traumas, un arraigo, un sentido de pertenencia y un amor profundo por el D. F. y por México, ese país extraordinario que es capaz de sobreponerse a todo. Hoy puedo poner en palabras lo que vivimos en los años posteriores. Fuimos parte de una gran transformación como sociedad porque, como ya dije, la solidaridad se convirtió en un activo cotidiano que no sabía de edades, de clases sociales, de nacionalidades ni de historias de vida. Cuando pienso en mi trasegar por esta vida tan llena de misterios y de incertidumbres, agradezco haber sido testigo de la belleza que se esconde en la tragedia. Las brigadas de ciudadanxs que se organizaron durante días, semanas y meses en torno a manzanas destruidas no tuvo precedentes en la historia de la ciudad ni del mundo. Las mujeres cocinaban mientras los hombres removían con sus manos los escombros que apartaban y volcaban en baldes, sacándolos de las zonas de los derrumbes de mano en mano, en cadenas humanas infinitas. Médicxs y enfermerxs construyeron campamentos temporales para atender a lxs heridxs, ya que tres de los hospitales públicos más grandes se habían derrumbado. La defensa civil, en conjunto con la ciudadanía, rescatistas internacionales y autoridades locales, todas unidas, salvaron miles de vidas. Organizaciones de personas del común, apoyadas por la cooperación internacional, construyeron redes de apoyo para lxs damnificadxs que lo habían perdido todo. Durante mucho tiempo, los parques y algunas aceras se convirtieron en *ciudadelas llenas de cambuches construidos con materiales perecederos, y amoblados con lo que habían logrado rescatar de los escombros. En plena ciudad de México hubo campos de refugiados por todos lados, por mucho tiempo. El impacto de un cataclismo de semejantes dimensiones pronto llegó a ser normalizado e integrado al día a día, por aquella capacidad de adaptación que tiene el animal humano. "La vida sigue". Es cierto. Pero, al mismo tiempo, ¿cuántas personas quedamos con heridas emocionales y psicológicas que nunca supimos reconocer ni integrar? Esta es la primera vez que me detengo a observar las mías. Pero también, ¿cuántas aprendimos que "el poder reside en la fuerza irresistible del amor", como diría Simón Bolívar, hacia el prójimo, el barrio, la ciudad, el país?*

Ya está oscureciendo otra vez y quisiera dormir muchos días seguidos porque estoy muy cansada, pero no quiero acostarme porque hoy también ha habido réplicas todo el día. No me atrevo a cerrar los ojos, aunque se me cierran solitos. Pienso en qué pasaría si las casas se tragaran a las personas. ¿Y si les pudiéramos quitar el techo para ver lo que pasa adentro? Yo creo que Dios nos mira así, por eso sabe todas las cosas buenas y malas que hacemos. ¿Y si se me cayera este techo encima pero no me muriera, y tuviera frío y hambre y me hiciera pipi? ¿Y si estuviera sola y nadie me escuchara? *[¿Y si las camas fueran objetos de tortura? ¿Si las estancias de las casas se transformaran en sets de grabación? ¿Y si lo que hacemos dentro de las casas fuera parte de un guion y, nosotrxs, actores y actrices que no sabemos que lo somos?].* Mi corazón late muy rápido cuando pienso en estas cosas pero no sé cómo hacer para no pensarlas. Respiro fuerte porque siento que el aire es muy poquito. A veces pienso también que todo lo que me imagino puede ser verdad. Aunque casi siempre me imagino cosas muy malas, que me dan mucho miedo. No entiendo por qué en el mundo pasan tantas cosas que me hacen llorar. A veces siento que la cabeza me va a explotar y me late bien fuerte, igual que cuando corro mucho. Otras veces, me acuerdo de cuando clavaron a Jesucristo de las manos y los pies en la cruz de las manos y los pies. También pienso en el niño pobre del poema de Navidad, de Alfredo Gómez Jaime, que mi mamá recita siempre y que es muy triste porque no tenía nada que comer. También me acuerdo de las indígenas que vemos en el metro, que no tienen casa, ni sus hijitos tampoco, y andan descalzos porque no tienen zapatos ni dónde bañarse. Todo eso y los temblores me hacen tener ganas de morirme pero no aplastada, mejor dormida, como dice mi mamá que se mueren las personas santas porque "esa es la mejor muerte". También me imagino que cierro los ojos y me convierto en humo, como el que saca mi papá de todos los cigarros que se fuma, y, así, me desaparezco. Pero si me muriera, mi mamá, mi papá, Jero y Guada llorarían mucho. Y eso también me hace tener ganas de llorar. Me siento mareada, otra vez. Viene otra réplica. Pero es muy fuerte, ay, no, ¡es otro temblor! *Son las 7:37 pm del 20 de septiembre y, de nuevo, la pesadilla. El Servicio Sismológico Nacional (SSN) reporta un movimiento telúrico de 7.6 grados en la escala de Richter con una profundidad de 17.6 km. Irrumpió ya no el silencio, como el día anterior, sino en medio de un grito multitudinario de pánico que se escuchó hasta las entrañas de la tierra. Después del terremoto llegó el terremato.*

5

Los viajes, las aventuras

A mi mamá le encanta "la aventura", eso quiere decir hacer cosas nuevas y raras. Yo ya sé que para algunas aventuras necesitamos dinero y para otras no, y también sé cuánto cuesta la renta del departamento donde vivimos, la colegiatura, y cuánto nos podemos gastar en el súper y en el mercado para que nos alcance. A veces le pido a mi mamá que me compre cosas que no son caras, como los chamoys, unas pulseritas de plástico fosforescentes que se estiran y no se rompen o unos sobres de estampas para el álbum de Jana Barbera. Si no puede comprármelas ya sé que hay que aprender a esperar hasta que Dios haga un milagro. Cuando le pido algo y tiene dinero, no importa si es algo chiquito o grande, barato o caro, ella contesta "¿qué tal que te mueras mañana y no te di gusto?". Y entonces nos compra lo que le pedimos aunque luego no nos alcance y tengamos que ir a donde la hermana Hernández a fiar la fruta y las verduras. A ella no le da pena pedir fiado. Dice que "Dios bendice y le multiplica a quienes ayudan a sus siervos", y que

163

"estamos en este mundo para ayudarnos los unos a los otros". Como casi nunca pido nada ni digo lo que quiero, cuando me atrevo siento mucho calor y se me ponen los cachetes rojos, y el corazón me hace pum-pum-pum bien rápido. Eso significa que me arriesgué y que soy valiente porque "de los cobardes no se ha escrito nada", me repite mi mamá todo el tiempo. Yo me imagino que así se siente cuando un niño va al concurso de Chabelo porque sale en la tele, donde muchas personas lo están viendo y tiene que responder unas preguntas que a veces son bien difíciles pero no importa porque, aunque luego se equivoque, le dan un premio.

A mi papá nunca le pido nada, solo un capuchino cuando lo acompaño a sus reuniones en El Parnaso. Las únicas veces que no me da pena pedirle a mi mamá algo caro es cuando "fantaseamos", eso quiere decir cuando nos imaginamos que somos millonarias y hacemos muchas cosas, como regalar dinero a la gente que lo necesita o irnos de viaje a un lugar bien lindo y bien lejos. Puede ser a Jerusalén, donde vivió Jesús, o a París, donde vive la tía Lila, que es su hermana menor. A Estados Unidos no queremos ir. Allá vive la tía Alba, otra de sus hermanas, y también la tía Manuela, que es la menor de los Zabalegui. Yo le escucho decir a mi papá que los gringos hacen cosas muy malas en México, en Colombia y en América Latina, que es el continente donde vivimos. Esa palabra siempre la usa Guada porque trabaja en el CELA, que significa Centro de Estudios Latinoamericanos. Es casi igual que el CEMLA, donde trabajaba mi mami cuando llegamos a vivir acá, y quiere decir, Centro de Estudios Monetarios Latinoamericanos. Me gusta cómo suena "América Latina" y lo mejor es que se puede poner la primera palabra adelante y la otra atrás y significa lo mismo. También me gusta adivinar las "siglas", que son las primeras letras de palabras que se ponen juntas en mayúsculas. Siempre juego a descubrir lo que significan cuando las veo en las hojas reciclables que Guada lleva de la Universidad, en las revistas que hay en casa de mi papi y en los anuncios de la tele, como M-19, CIA, DEA, PRI, PAN, PRD, IMSS, DIF o ISSSTE. Jero dice que ADIDAS significa Asociación De Idiotas Dispuestos A Superarse. Pero es de broma. Otras veces jugamos a inventarnos siglas con las placas de los carros y les ponemos significados bien chistosos. Mi mamá y yo no queremos ir a "Gringolandia", como le dice mi papi, además porque en la escuela nos enseñaron que los que quieren irse a Estados Unidos son unos "malinchistas", que es algo muy pero muy malo. *Miss* Onelia, que es la profesora más furiosa que he tenido porque ya dije que grita y les pega a los niños, nos contó la historia de la Malinche, que también se llamaba Malinalli. Era una mujer mexica, esa palabra se pronuncia "meshica", o maya, no me acuerdo bien, que se enamoró de Hernán Cortés, un español de los malos que engañaban y mataban a los indios. Ella sabía hablar náhuatl y "castellano", así dice mi mami en vez de español, y por eso le pudo ayudar a "conquistar el imperio azteca". Eso significa que los españoles les quitaron todo a los mexicas por culpa de la Malinche, que es una "traidora", o sea, una mujer muy mala, y yo nunca quiero ser como ella. *[Te escucho, Cielito, y no*

*soporto que te hayan enseñado a despreciar a la majestuosa Malinche].
Ahí está, implacable, desnuda, la idea judeocristiana sobre cientos de mujeres que, a lo largo de la historia, han tenido agencia, capacidad de
decisión. Ese desprestigio ha sido transmitido de generación en generación por quienes, a lo largo del tiempo, han monopolizado la voz y la
escritura. Mujeres poderosas siempre bajo sospecha: Eva, María Mag-
dalena, la Malinche, la India Catalina y tantas otras cuyos nombres
nunca sabremos. Mujeres peligrosas, mujeres despreciables. Hombres
narrando a mujeres. Mujeres recreadas por la palabra de hombres que
destruyen su dignidad, que mancillan sus nombres, que las borran de
la historia o las condenan por los siglos de los siglos. Las "mujeres incómodas" como antagonistas en los relatos fundacionales: la provocado-
ra que propicia la expulsión del Paraíso del primer hombre; la prostituta
poseída por siete demonios que necesita ser liberada y rescatada por el
Mesías; las traidoras que llevan a la ruina a sus pueblos por colaborar
con los conquistadores. Ellos no son responsables. En ningún caso. No
lo es quien decide morder la manzana ni quienes a sangre y fuego toman ciudades, esclavizan y venden a sus gentes. Ellos son las víctimas
y ellas las villanas. La [trágica] historia de las mujeres peligrosas que
empieza con Eva y se repite con tantas otras es que se les acusa de ser las
causantes de los peores males del hombre. En consecuencia, el género
entero es maldecido, normalizando así los padecimientos de las mujeres
desde el inicio de los tiempos: "Parirás con dolor", le dice Dios a Eva.
En vez de que la doctrina exalte a la mujer y la bendiga por su capacidad biológica de conservar y reproducir la especie, por evitar su extin-
ción, se le condena a la esclavización reproductiva, dolorosa y exenta de
placer. Si desde los relatos más antiguos hasta los más recientes las mu-*

jeres son el detonante de la tragedia, ¿quién podría, entonces, reconocer sus capacidades? ¿Quién osaría exaltar a una mujer que fue fundamental en la misión de Jesús o a las que, en los siglos que duró la Conquista, además de sus lenguas maternas, aprendieron el castellano, y usaron su capacidad lingüística para sobrevivir y huir de la esclavización? ¿Habrán querido Malinalli o la India Catalina —de quien ni siquiera sabemos su nombre real— y tantas otras ser "amantes", como dicen los relatos masculinos, y luego esposas de Hernán Cortés y Pedro de Heredia, respectivamente? ¿Habrán sido estos matrimonios consentidos o, más bien, la formalización de una esclavización sexual normalizada? ¿Cuántas violaciones silenciadas a millones de mujeres existirán detrás de las historias escritas por hombres que repetimos como hechos incontestables, y que nunca conoceremos? ¿Víctimas o victimarias? La mirada cristiana y patriarcal, además, ha creado un modelo dicotómico para las mujeres: desprecia y sataniza a las que reivindican su libertad y, a las que no lo hacen, les impone un modelo inalcanzable de "pureza" [¿qué significa esa palabra?]. Las vírgenes, íconos transnacionales y transculturales, habitan en el inconsciente colectivo y han sido el medio evangelizador más efectivo para acallar el poder de las mujeres. Vírgenes hay de todos los colores, ropajes, tamaños y nacionalidades. Las hay, además, para toda clase de requerimientos milagrosos: es el símbolo del poder femenino hecho mercancía, una forma más de cosificación. Es decir, las vidas de las vírgenes no son valiosas por sí mismas ni porque sí. Lo son por ser un medio, un instrumento, las madres de El hombre y porque, además, hacen posible lo imposible. Todas esas vírgenes, en realidad, son una sola mujer pero con nombres y cuerpos diferentes [sic. "Confunde y reinarás"]. La Virgen, con mayúscula, porque además su condición sexual se convierte en su nombre de pila [¡Qué indigno!], tiene un hijo varón [obvio] que es producto de una fecundación no consentida de un espíritu… santo, masculino [también, cómo no]. Es decir, aquella que representa el modelo de mujer "pura" e "inmaculada" resulta encinta sin darse cuenta porque alguien más lo decide por ella, sin preguntarle. Y pare un hijo para que sea torturado y asesinado. Su destino, como no puede ser de otra manera, es convertirse en mártir y soportarlo todo porque, finalmente, "el dolor santifica". Es a ella a quien deberíamos parecernos todas. No a las peligrosas porque, además, las consecuencias son la expulsión del paraíso, es decir, de los sistemas familiares y sociales. La Virgen representa el modelo de mujer que busca el hombre para formar un hogar y reproducirse; el que quieren replicar las madres en sus hijas, en sus nueras, en sus nietas. Es a este tipo de mujer a la que veneramos en las sociedades judeocristianas: a la que es instrumento de la voluntad masculina, un útero reproductor, piel sin deseo ni agencia, cuerpo sin derecho a ejercer la libre determinación; mujer que se siente honrada de que la miren, la escojan y la utilicen; mujer que asume, sin cuestionar, que los propósitos de quien la elige ["la elegida" como símbolo de orgullo] siempre serán superiores a los suyos, aunque eso le genere un dolor infinito. [¿Por qué nunca hablamos sobre este delirio?].

Yo nunca quiero ser malinchista porque, como dice el video de Panamá que hizo mi papá en TV UNAM, "la patria no se vende, la patria se defiende". Eso quiere decir que hay que querer al país donde uno nació y no dejar que nadie lo dañe ni le diga cosas feas. Yo siempre defiendo a Colombia cuando me dicen que es un país horrible donde ponen muchas bombas. Eso me duele y a veces respondo que no es cierto porque, aunque llegué a México siete días antes de cumplir tres años y casi no me acuerdo de Colombia, Jero y yo regresamos a visitar a nuestra familia cuando él tenía doce años y yo siete. Y por eso ya sé que es un país muy bonito. Me acuerdo del tío Adrián, que es el tercer hermano de los Leal, porque nos llevó a su rancho en los Llanos Orientales, donde hay muchas palmeras y una alberca con resbaladilla donde jugamos con sus hijos, que son nuestros primitos, Nacho y Jazmín. En colombiano se dice "finca con piscina y rodadero", y aprendí más palabras, como "chévere", "bacano", "de ataque", "cosiánfiro", "chuspa", "chécheres", "pecueca", "culicagao". Yo les enseñé a mis primos palabras mexicanas, como "padre", "lixto calixto", "nel pastel", "aguas", "órale", "cuernos", "escuincle" y Jero les enseñó groserías pero yo no las digo porque es de mala educación. También montamos a caballo, que es lo que más les gusta a Jero y a mi mami, pero ella no vino al viaje, solo mi hermano y yo. Y vimos los árboles gigantes de Cali, donde vive la tía Nani, que es la mayor de todos los Leal, y nos fuimos por carretera a un lugar que no me acuerdo cómo se llama. Entonces, para que el tiempo se pasara rapidito, me inventé muchas historias y chistes que no daban tanta risa porque eran muy largos y se los conté a mis primas, Veruca, Nala y Selma, que son sus tres hijas, y ellas me pusieron mucha atención. Después fuimos a Bogotá, donde vive el agüelo Tomi. Allá está el Palacio de Nariño, que es la casa del presidente de Colombia, a donde me llevó el tío Jacobo, que es el menor de todos los hermanos, y me tomó una foto en una silla dorada bien elegante que tengo en mi álbum. Él me dice "mugre" de cariño, pero a mí no me gusta esa palabra. En cambio, la tía Lila, que vive en París y es artista, me dice "manzanita". Esa sí me gusta. Luego agarramos otro avión para ir a Cartagena a ver a la familia de mi papá, que es la Zabalegui. Y se movía mucho porque pasamos por unas "turbulencias", que quiere decir que las nubes son como una carretera de "terracería", o sea de tierra, como las que agarramos a veces en los viajes con mi papá y Guada porque son gratis. A mí me dio tanta risa que se la pegué a Jero y nos estábamos carcajiando hasta que el tío Roberto, que es el esposo de la tía Ivana, nos regañó y nos dijo que teníamos que callarnos porque la gente estaba asustada. *Treinta y siete años después, te despediste de mí en un vuelo que hacía de Estocolmo a Madrid. Moviste el avión como si estuvieras gritándome desde el infinito cuánto me amabas. Sentí paz. Por eso sé que eras tú. A esa hora, a unos 7 925 kilómetros de distancia, en el balcón de tu casa y reflejando en tus ojos la inmensidad del mar Caribe, tu corazón decidió hacer una pausa hasta la siguiente vida, y descansar de ese cuerpo que lo resistió todo. Si yo hubiera podido gritar de vuelta la despedida habrían explotado volcanes y despertado tsunamis. [¿Por qué no me esperaste para darnos el último abrazo? Ahora, ¿dónde hallaré consuelo si no sé a dónde te has ido?]. Desde entonces las turbulencias, nuestro código compartido, me recuerdan la fragilidad de la vida y el valor de los afectos. Y a pesar del dolor intenso que se quedó a vivir conmigo, lo agradezco todo: las noches sin dormir, las horas de llanto incesante, las ganas de no querer habitar este cuerpo, la conciencia de mi propia vulnerabilidad. Ahora todo se ve distinto. [Y ese todo se pintará de colores, Cielito lindo, el día en que pueda volver a carcajear-me como tú y sienta que, aunque la vida se tambalee bajo mis pies, ya no me importa].* Llegamos a la casa de los abuelos Zabalegui, que está al frente de la "bahía", o sea, el mar que parece una letra "C". Eso me lo enseñó mi papi cuando fuimos a Puerto Ángel. Puse mucha atención para contarle a mi mami "con todo el de-talle", como dice ella. La casa de mis abuelos es gigante. Tiene tres pisos, tres comedores y tres cuartos, dos salas, dos carros, un chofer, un jardinero, un cuidador que se queda por la noche en la terraza y le dicen "el Mocho" porque le falta un brazo y me da miedo. Eso le pasó cuando era pescador y echaba di-namita al mar para que los peces se murieran, pero un día se le explotó en la mano y, por eso, se quedó así. También hay una cocinera, que se llama Beatro, otra señora que tiende las camas y barre, y otra que lava la ropa y la plancha, pero se me olvida-ron sus nombres. Ah, y dos patios y un jardín con muchas plan-tas y flores, que son las preferidas de mi abuela, y seis árboles con mangos, uno con guayabas, que es la fruta favorita de mi mami, y otro que se llama níspero. Tengo catorce primos y me apren-dí los nombres de todos. El mayor tiene cinco años más que Jero y la menor es una bebé como mi hermanita. Se llaman Roberto, Iván, Irene, Juliana, Franco, Emilio, Luis Manuel, Gabrielito, Claudio, Mario, Rodrigo, Malena, y las dos últi-mas, Ivanita y Doménica. Ellas son gringas y hablan espa-ñol, inglés y también italiano, porque la tía Manuela, que es su mamá y es la menor de los hermanos, se fue a estudiar la Uni-versidad en Estados Unidos y allá se casó con un italiano que se llama Massimo, pero a él no le decimos tío. *El teléfono del senador liberal sonó una mañana de septiembre de 1980 en la gélida capital de Colombia. El universo familiar estaba a punto de implosionar y ya nada, nunca, volvería a ser lo mismo. Su segundo hijo varón, la promesa, el abogado brillante que a sus veintisiete años había ascendido a director del Control Bancario del Banco de la República sin su ayuda, el sucesor al que había planeado entregarle todo su capital político construido durante más de treinta años, estaba al otro lado del teléfono. Debatiéndose entre el orgullo y el miedo, la sensación de irrealidad, y el saberse vivo y libre de puro milagro, le confesó al padre que llevaba un tiempo militando en secreto en el movimiento guerrillero M-19, que el Ejército acababa de allanar su casa en Bogotá y que estaba escondido cerca de Pereira, donde había ido a dictar una conferencia. [Habría que contar mil historias y aventuras antes de llegar hasta aquí, muchas de ellas las escuché de boca del protagonista y las grabé para siempre en mi memoria]. Lo más difícil no era confesarle al padre que había traicionado el legado familiar y que había elegido transitar su propio camino, confrontando al statu quo e, inexplicablemente, renunciando a sus privilegios y a un futuro político muy prometedor. Lo peor era la incertidumbre de no saber si, al pedirle ayuda, el padre elegiría mantenerse leal al sistema, del cual hacía parte, o ayudarle a salvar su vida. Sabía que era un hombre de principios, de carácter árido, que no se doblegaba ante nada ni nadie, que se había enfrentado siempre con fiereza a sus adversarios políticos. Había criado a sus hijxs con una disciplina militar y una distancia afectiva tal que nunca nadie le escuchó expresar sus sentimientos. El padre, conmocionado pero imperturbable, le pidió unas horas para darle una respuesta. El hijo, escondido en un barrio de in-*

vasión, esa noche no durmió. Repasaba las veces que se sintió escuchado y seguido, y se reprochó mil cosas que, en el fondo, sabía que eran inevitables. Se acordó de cuando una tarde llegó a casa corriendo y le pidió a su compañera [mi madre] que alistara rápido a lxs niñxs porque tenían que esconderse, y ella solo había alcanzado a meter en la pañalera una muda para cada uno y el Cerelac. También recordó cuando esa cómplice, ideal para cualquier operativo porque nunca sentía miedo, estando embarazada había ayudado a transportar en el Renault 6 el mimeógrafo, papeles y tintas, y alguna vez también armas. El Ejército, amparado en el Estatuto de Seguridad, tenía instalados retenes y hacía controles permanentes por toda la ciudad y por todo el país. Pero jamás hubieran sospechado de ella. Esa madrugada también pensó en su madre, en sus hermanxs y en sus hijxs; en la película de su vida que, de un momento a otro, había dado un giro abrupto pero predecible. Había desafiado al sistema y ahora todo pendía de un hilo, como no podía ser de otra manera. Al día siguiente, el padre le confirmó que se había reunido con el comandante del Ejército nacional, el [infausto] general [cuyo nombre no merece siquiera estar en este relato, pero digamos que se apellidaba] Malo. Este le había mostrado el robusto expediente del hijo, soportado en escuchas y seguimientos de varios meses. Además, le había advertido que por más senador y amigo del presidente que fuera, si llegaba a encontrar al hijo no le garantizaba siquiera el respeto por su vida. Era la época del Estatuto de Seguridad en Colombia y del Plan Cóndor en los países del Cono Sur gobernados por dictadores militares. Esto era más grande de lo que el padre llegó a imaginar en un principio. No fue difícil, entonces, su elección. Acordaron encontrarse dos días después en la Embajada de México. El hijo debía sortear los retenes del ejército *hasta llegar a Bogotá, encomendándose a los santos a los que su madre, seguramente, les estaría rezando con intensidad en esos días. El padre, por su parte, debía contarle a la familia, gestionar rápidamente la huida del hijo, la protección de lxs dos nietxs y de la nuera para evitar una tragedia mayor, y enfrentar lo que se viniera. A pesar del inmenso dolor que esto causó a la familia, que era tan conocida y respetada en el Caribe, soportó el escándalo social con estoicismo y redobló su apoyo incondicional al hijo y a lxs nietxs, sin importar la distancia ni el tiempo. Y ese amor permaneció igual siempre.* En Cartagena nos metimos al mar donde mi mami me bañó cuando yo tenía tres meses, que fue la primera vez que monté en avión cuando me llevó a conocer a mis abuelos, a mis tíos y a mis primos que ya dije cómo se llaman. Yo lo sé porque también tengo una foto de ese día en mi álbum. El mar de Cartagena se parece al de Veracruz, a donde fuimos con mi papá, Guada y Fede, pero esa vez ya no era bebé, tenía tres años y medio o cuatro. También tengo fotos de eso y me acuerdo de algunas cosas aunque estaba "chiquitita", igual que la canción de Abba que me canta mi papi y que dice que lo hacía llorar cuando nosotros estábamos escondidos en Colombia. De Veracruz me acuerdo de la arena, que era calientísima, de cuando el sol me quemó la espalda y casi me ahogo, ah, y de que conocí a Jaime, un amigo de Fede que me gustó mucho. Es hijo de otro exiliado que se llama Gilberto. En otras vacaciones fuimos con ellos a Ixtapan de la Sal. Pero eso luego lo cuento. Lo que más me gustó de Cartagena es que probamos unos pasteles de vainilla y chocolate deliciosísimos que hacen mis tías, helados con papitas fritas, y un refresco que se llama Cola Román, que es rojo. Mi abuela me contó que cuando fuimos a vivir con ellos, antes de irnos a México, me ponían Kola Román con leche en el tetero, y por eso estaba gordita. Mi madrina, la tía Violeta, que es la esposa del tío Guillermo, el hermano menor de mi papá, también me contó que ella me hacía muchos peinados y "muñequeaba" conmigo porque no tenía hija, solo hijos. De Cartagena también me gustó que le ayudé a la tía Ivana a hacer las sorpresas para el cumpleaños de mi primo Claudio, que es su hijo menor, y a mí me tocó un peine con un espejo bien lindo, y muchos dulces. Y luego fuimos a su otra casa que está en un lugar que se llama las Islas del Rosario. Para ir allá tenemos que ir en lancha como una o dos horas. Esa casa es bien grande y bien bonita, y tiene una cancha de tenis y otra de futbol. También fuimos a la alberca del Club Cartagena, donde se me perdió la cadenita de oro que me regaló la tía Lida, que es la esposa del tío Franco, el mayor de los hermanos, y por eso me regañaron. Yo me puse a llorar porque mi mami nunca me regaña cuando se me pierden las cosas. Eso se llama "un accidente", y quiere decir que aunque te portes bien te pueden pasar cosas malas. En ese viaje aprendí que Colombia es un país muy bonito. Cuando me acuerdo de todo eso me siento triste. Me gustaría estar con mis abuelos y mis tíos, y jugar con mis primos, porque los extraño mucho. Aunque yo quisiera vivir en Colombia no podemos. Mi papá dice que eso se llama saudayi, en brasileiro. Aunque también quiero mucho a México. Lo que más me gusta de vivir aquí son mis amiguitas, la comida, y cuando viajamos por carretera con mi papi, con Guada y mis hermanitos, y cuando vamos al mar porque me acuerdo siempre de Cartagena.

A veces mi mamá se imagina que nos vamos a España, donde hay una música que le encanta al agüelo Tomi, y "de donde son los antepasados Azulay", o sea los bisabuelos y tatarabuelos de mi mamá. Yo tengo una foto café de ellos en mi álbum que dice "Bogotá, mayo/1921". Hay cinco "jayanazos elegantísimos", bien guapos y peinados con mucho gel, como le gusta a mi mami, con unos bigotes bien grandotes, como los de Pancho Villa. Como ella me enseñó que me puedo cambiar el nombre cuando quiera, a veces digo que me llamo María Dolores, como la cantante preferida del agüelo, y mi mamá me hace un moño y me pone el vestido blanco con bolitas negras y arandelas que me compraron cuando cumplí cinco años. Entonces dice que me veo "como toda una española". También eso se llama diversión barata porque podemos viajar con la imaginación siempre que queramos y no cuesta nada. Algunas veces le pedimos al Señor que nos conceda los deseos de nuestro corazón para que podamos ir en la vida real a todos esos lugares que queremos conocer. Y eso sí pasa, porque ya dije que antes tenía los ojos de color miel y los quería tener verdes como los de mi mamá, y siempre me los imaginaba verdes-verdes-verdes hasta que se me pusieron de ese color. Eso quiere decir que Dios hizo un milagro y que le podemos pedir todo lo que queramos, "hasta lo que parece imposible".

Hubo una vez que le pedí a mi mamá algo que era muy caro, pero solo de mentiritas porque yo sabía que no podíamos comprarlo. Era mi cumpleaños y fuimos las dos al Jelens a que me cantaran "Las Mañanitas". Apagué nueve velitas y la luz de bengala, y me embarraron la cara con merengue. Íbamos a agarrar el metro para irnos a la casa y pasamos por una tienda de mascotas. En la vitrina había muchos animalitos metidos en jaulas y una perrita de color cajeta, muy chiquitita y tiernita. Parecía de peluche. Yo le dije de broma que me la comprara porque la íbamos a llevar a los viajes que nos imaginamos siempre. Y entonces me dijo que sí, me llevó corriendo a la tienda y pidió que la sacaran de la jaula para que yo la abrazara. La olí y ella me dio muchos besitos con su lengüita, y sentí que me explotaba el corazón y se me salieron unas lágrimas pero no de tristeza. Mi mami le pidió a la vendedora comida y un lazo para poderla pasear y que no se escapara. Pagó lo que le dijeron porque "pedir rebaja es de mal gusto", y nos la llevamos para la casa. Yo sentía como si fuera de mentiras pero eso no lo sé explicar. Era el mejor regalo del mundo. Le pusimos Kiara, que significa Clara en italiano, porque a mi mamá le gusta la gente "clarita" que siempre dice la verdad. Y también le gustan los idiomas porque ella es internacional. Kiara mordía todos los zapatos, la mesa de noche, el mantel, las cortinas, todo. Era muy traviesa y, además, le estaban saliendo los dientes, entonces le dolían las encías, como a mis hermanitos. Por eso Guada les hace unos collares con unas bolas negras que se llaman "pimienta dulce", para que la muerdan y ya no les duelan. Mi mamá sacaba a Kiara en las mañanas y así también ella "aprovechaba para hacer ejercicio", como Guada, que hace "estiramientos de yoga", que no sé qué es. Luego, Jero se quedaba con ella muchas horas porque él iba a la secundaria por la tarde, y yo a la primaria en la mañana. Eso también ya lo dije. Kiara se hizo amiguita de Canela, que era la perra de Pancho, el mejor amigo de mi hermano, y también era una coquerespaniel, pero blanca con manchas café. Siempre que estaban juntas, jugaban y se querían mucho. Ella dormía debajo de mi cama, y cuando me despertaba la veía y sentía que el corazón se me hacía grande por dentro. Entonces la subía a mi cama, la olía porque me encantaba su olor, y nos dábamos muchos besitos. También jugábamos un ratito hasta que mi mamá nos decía que ya era hora de levantarse. En el colegio siempre quería que fuera la hora de la salida para ir a la casa a estar con mi perrita. No me gusta acordarme de esta historia porque es la más triste que todas, más que las que escucho en las reuniones de mi papá. Jero le enseñó a Kiara a obedecer y a estar sin lazo para que ella también fuera libre, como él y como mi mami. Pero un día Jero estaba con ella en la esquina de la avenida Cuauhtémoc con Luz Saviñón, y Kiara vio del otro lado a su amiguita Canela, y salió corriendo a encontrarse con ella pero el semáforo estaba en verde, y un carro la atropelló. Cuando Jero corrió a recogerla todavía estaba viva pero casi no podía respirar. Entonces la llevó a un veterinario pero, como se estaba muriendo, le pusieron una inyección para que ya no sintiera más dolor, y él solito tuvo que llevarla a un basurero y dejarla ahí porque los perros no tienen cementerios. Eso es tan triste-tan triste que cada vez que me acuerdo lloro porque yo la extraño mucho. *[Tampoco me pude despedir de ti, darte el último abrazo, olerte y agradecerte por lo feliz que me hiciste durante esos eternos y fugaces tres meses que compartimos juntas].* Cuando mi mamá y yo llegamos en la noche, Jero estaba llorando y nos contó lo que había pasado. Yo sentí como si me hubiera caído encima un edificio de los que se derrumbaron en el terremoto del 85. Y pensaba que no era verdad, que no era verdad, que ella estaba viva y Jero estaba diciendo mentiras. Esa noche los tres lloramos y gritamos porque sentimos algo horrible adentro de la cabeza y yo sentía que el cuerpo me ardía y que me iba a explotar, eso tampoco lo sé explicar. Hasta que nos quedamos dormidos. Al día siguiente y muchas mañanas, me despertaba pensando que había tenido una pesadilla y que Kiara estaba debajo de mi cama. Me asomaba para buscarla pero cuando no la veía sentía que el cuerpo todo-todito lloraba aunque las lágrimas solo me salían por los ojos. En esos días no tenía ganas de ir al colegio, solo de llorar, pero mi mamá me levantaba y me ayudaba a alistar. Pasaron muchos días hasta que ya no miraba debajo de la cama pero todavía estaba triste porque la extrañaba mucho. Por eso nunca más quiero volver a tener ninguna perrita, porque se puede morir y yo voy a volver a llorar así de feo y a mí no me gusta estar triste, me gusta reírme y estar feliz. *Ese dolor profundo que experimenté a los nueve años, tiempo después lo asimilé al que percibía en los ojos de lxs compañerxs de mi padre cuando hablaban de asesinatos, torturas y desapariciones, en aquellas reuniones infinitas. Recuerdo la sensación de no poder soportar la crudeza de la realidad y, al mismo tiempo, no saber qué hacer con ese sentimiento de devastación que me invadía el cuerpo* y que se me acumulaba en la garganta. Era como tener ahí, contenido, un trozo de algo que no me dejaba respirar. Pero tampoco sabía cómo expresarlo porque no tenía forma de traducirlo en palabras. Creo que ni siquiera era capaz de entender del todo lo sucedido. Recuerdo que me imaginaba golpeándome la cabeza contra una pared hasta perder la conciencia y desaparecer. [¿Quién se ocupa de la psique de lxs niñxs? ¿Qué herramientas podrían haber tenido nuestrxs padres para consolarnos si a ellxs siendo niñxs, y como se estilaba en la época, les educaron con tantísima distancia emocional?]. A los nueve años conocí la impotencia y el desconsuelo que dejan las ausencias irremediables. Aprendí que se extraña con la misma intensidad con la que se ama y, también, que no hay amor más perfecto que el de los animales no humanos porque esa conexión de almas no necesita de palabras [mis amadas palabras se vuelven prescindibles ante la magnitud del sentimiento]. Ese amor-puro-amor solo precisa de la acción: un beso, una lamida, el juego, la caminata, el arrunche, la ternura incondicional. Veintidós años después de la muerte de Kiara llegaría a mi vida Pepe, un bebé Weimaraner, coincidencialmente de tres meses. Llegó al andén donde, sentada, le esperaba. Se metió debajo de mis piernas, como buscando refugio, y no pude hacer nada más que volver a exponerme al amor más perfecto y, también, al desgarro más espantoso. Nos acompañamos once años y medio. Podría escribir una enciclopedia sobre ese ser de mirada dulce y ojos de agua que me seguía a todas partes, y con quien desarrollé un lenguaje tan sutil que solo con mirarnos sabíamos todo el uno de la otra. Su olor quedó impregnado en la cobija roja y en su saco azul que, cada tanto, huelo añorando traer al presente lo pasado. A veces cierro los ojos para sentirlo cerca pero, igual que siendo niña, me invade una sensación de vacío *y lloro como entonces. [¿Por qué nos aferramos tan compulsivamente a la materialidad de la vida?]. Ese ya conocido nudo en la garganta [mi tiroides] se va estrechando con el dolor que van dejando las ausencias. Hay días en que me siento igual que en el sueño que tuve hace poco: estoy atónita, paralizada, observando a las multitudes que me rodean y que parecen saber siempre hacia dónde van. En cambio, yo me sigo sintiendo extraviada, aunque no pierdo la esperanza de encontrar una pista que me indique el sentido, el para qué estoy viva. Kiara apareció hace poco en la planta de mis pies cuando Alejandro, un chamán vestido de ginecólogo que practica la medicina china, revisaba mi cuerpo. Su recuerdo había estado ahí, incrustado, acompañando mis pasos y todos mis viajes, los imaginados y los reales, durante treinta y siete años. Y volví a llorar su ausencia, hasta que dejó de dolerme y pude despedirme de ella.*

Un día en la clase de Ciencias Naturales dijeron que teníamos que comprar una tortuga de las que venden en los acuarios, de esas que son chiquitas, verde con amarillo y negro. Mi mamá compró dos para que estuvieran juntitas, como nosotras. Lo malo de las tortugas es que no se pueden acariciar, y cuando las agarras se esconden en su caparazón porque les tienen miedo a las personas. De solo verlas se me pone la piel chinita porque son mojadas, frías y duras, por eso no me gusta tocarlas. Como los acuarios de vidrio eran muy caros, mi mamá sacó del refrigerador el cajón de las verduras y le hizo una montañita bien linda con unas piedritas que compró, y le puso agua y unas palmeras de plástico. Parecía una playita bien linda con mar o con alberca. Todos los días les daba lechuga para comer, y les limpiaba el agua y las piedras para que no olieran feo porque ellas hacen pipí y popó ahí. Y también ponía la caja al lado de la ventana para que les diera el sol y se calentaran. A mí me gustan mucho las "miniaturas", que son las cosas muy chiquititas porque son muy tiernas. Pero las tortugas, los peces o los pájaros, aunque sean chiquititos, no me gustan porque no se pueden consentir y no son acolchonaditos como los perros. Tampoco se pueden oler.

Mi mamá tiene "sangre de gitana", por eso le encanta viajar y no le gusta estar en el mismo lugar. Además es diferente a las demás mujeres. Ya dije que cuando era joven hacía cosas que a nadie se le ocurrían y por eso "imponía la moda". Y también que era "salvaje", o sea que hacía lo que quería, igual que Jero. Cuando llegamos a México, ni mi mamá ni mi papá tenían trabajo. Pero como ella le pidió al Señor Jesús uno donde ganara mucho dinero, él le "concedió los deseos del corazón", como dice en la Biblia, y entró al CEMLA, que ya expliqué lo que es. Como en ese trabajo le pagaban en dólares pudimos ir a San Miguel de Allende, que es un pueblito lleno de casitas de colores con muchas flores y las calles de piedra, de esas que me duele pisar, como las que hay en la casa del expresidente. Yo quisiera vivir en San Miguel porque ahí me siento tranquila. Aunque también me gustaría vivir en el Hotel Chulavista, que queda en Cuernavaca, a donde también íbamos muchos fines de semana. Es tan bonito que hace muchos años, cuando yo todavía no había nacido, iban ahí María Félix y Pedro Infante, y también Agustín Lara, que se enamoró de ella y le hizo la canción de María Bonita, que a mi mami y a mí nos encanta, y por eso siempre la ponemos en la grabadora, igual que las canciones de Francisco Gabilondo Soler, que le dicen de cariño Cri-Cri. Ese hotel es mi lugar favorito porque tiene palmeras y flores, y unos cuartos con unos techos muy altos, oscuritos, que parecen cuevas, como las de Oaxaca, y les entra un viento suavecito. Ahí me dan muchas ganas de dormir, de jugar y correr, y me siento feliz. También me gusta porque huele a agua, como la casa de Martina. En la parte de atrás del hotel está el "Oratorio", que es un "lugar sagrado". Eso quiere decir que ahí "hay que guardar silencio", como me enseñaron desde prepri, y las mujeres se tienen que poner falda. Para llegar allá nos vamos por un pasillo que parece un rectángulo y en el techo están escritos los nombres de las doce tribus de Israel, que nos enseñaron en la escuela dominical y que me sé de memoria. Son Rubén, Simeón, Leví, Judá, Dan, Neftalí, Gad, Aser, Isacar, Zabulón, José y Benjamín. Afuera del Oratorio hay una fuente y un caminito de agua. Cuando escucho el agua y la veo me siento tranquila. Para entrar al Oratorio hay que lavarse las manos. Mi mamá me contó que cuando estábamos escondidos en Chía y yo tenía un año y medio, "vivía lavándome las manos", y también que cuando el papá de mi amiguita campesina llegaba del trabajo, ella corría a abrazarlo y yo igual. Ah, y que me gustaba estar empelota y por eso también le quitaba la ropa a mis muñecas para que estuvieran igual de felices que yo. Pero aquí no se pueden traer muñecas ni empelotarse, solo lavarse las manos. Cuando estoy adentro del Oratorio me dan ganas de llorar pero no de la tristeza. Es un cuarto grandotote que tiene forma de cuadrado o rectángulo con un techo muy-muy alto y una alfombra azul con caminitos amarillos. En la mitad está el "Arca de la Alianza", que es una caja de madera que hace milagros. El otro día mi mami me leyó en la Biblia que la llevaban por los pueblos de Israel y los que estaban enfermos se curaban. A los lados tiene unos ángeles que la cuidan. Yo quiero que también nos cuiden a mí, a mi mamá, a mi papá, a Jero, a Guada y a mis hermanitos, para que nunca nos pase nada malo, como le pasó a Kiara y a los compañeros de mi papi. Las paredes son muy altas y tienen versículos escritos que también me sé de memoria porque muchas veces mi mamá y yo vamos repasando los versículos de la Biblia en el bus, en el metro o cuando lavamos la ropa. En una pared está 2ª de Crónicas 7:14, que dice "Si se humillare mi pueblo sobre el cual mi nombre es invocado, y oraren, y buscaren mi rostro, y se convirtieren de sus malos caminos, entonces yo oiré desde los cielos, y perdonaré sus pecados, y sanaré su tierra". No sé qué significa "invocado" ni "humillare". La Biblia tiene palabras muy raras y cuando mi mami me la lee casi no entiendo. La palabra más difícil de todas es "concupiscencia", que no sé qué quiere decir, pero me gusta porque tiene todas las vocales. En otra pared, hasta arriba, dice "Rey de Reyes, Señor de Señores", como la canción que cantamos en la alabanza. En la pared de la izquierda o de la derecha, nunca sé cuál es la derecha o la izquierda porque puedo escribir con las dos manos y entonces me confundo, hay un reloj grandísimo que tiene números rojos cuadrados, igualitos a los del Casio de Jero, que cambian todo el tiempo muy rápido y casi no se pueden leer porque cuenta los niños que están naciendo en el mundo. De las paredes también salen unas luces que parecen mágicas y me dan sueño. A mí me gusta orar cuando está oscurito, aunque también me dan ganas de acostarme en la alfombra y dormirme un ratito. Lo más bonito del Oratorio es que se escucha el agua de la fuentecita de afuera porque el techo parece que estuviera flotando y se oye todo, por eso hay que hacer silencio en todas partes. Cuando termino de orar y de pedirle a Dios que mi papá "venga al camino", que podamos pagar las cosas que necesitamos, que nos proteja a todos y que mi mamá nunca se muera, juego un rato siguiendo los caminitos de la alfombra hasta que llego al centro, donde está el Arca. Y para no aburrirme regreso por "otra ruta", como me enseñó mi mamá cuando salimos a la calle, y hago eso muchas veces, hasta que me pasa igual que en las reuniones de mi papá, que ya quiero irme pero mi mamá no termina y no termina nunca de orar. No sé por qué los adultos le piden tantas cosas a Dios. Aunque Jero ya no va a la iglesia con nosotras sí nos acompaña al Oratorio. Yo creo que el cielo donde viven el Padre, el Hijo y el Espíritu Santo es como este lugar.

En Chulavista también hay una piscina gigante y muy honda que tiene una resbaladilla, como la del Club Cartagena. A mí me encantan las albercas, como se dice en México, pero también me dan miedo porque una vez vi a un muchacho que se acababa de ahogar y lo habían dejado al lado de la resbaladilla.

Yo miraba fijamente aquel cuerpo, impasible, hinchado, sin lograr entender que estaba en presencia del tiempo suspendido. Minutos antes, ese cuerpo había sido persona y tenía voz, sueños, voluntad. Fue la primera vez que contemplé un cadáver. Tenía seis años. Cuarenta años después sigo viendo con nitidez aquella escena que se quedó a vivir en mi memoria. Los jardines en Chulavista son muy bonitos porque hay bugambilias de color blanco y fiusha, que también se llama rosa mexicano. Hay árboles con frutas, como en la casa de mi abuela y en las fincas de mis tíos. Es como magia poder agarrar la comida de los árboles. Cuando sea grande quiero tener un país, una familia y muchos árboles de mandarina, tamarindo, mango y piña, que son mis frutas favoritas porque son aciditas y dulces. También hay una tiendita en ese jardín. Un día Jero me dijo que le sacara dinero de la cartera a una amiga de mi mamá que había ido con nosotros. Yo sé que eso está muy mal y es pecado. Eso se llama robar pero yo siempre hago lo que Jero me dice, por eso, aunque sentí mucho miedo, abrí su bolsa, saqué su cartera y le agarré un billete que nos alcanzó para comprarnos muchos dulces. Lo malo es que nos descubrieron y nos regañaron. Y eso también pasó cuando me dijo que le sacara un billete a Guada de su cartera.

La primera vez que fuimos a Veracruz con mi papá y con Guada ellos eran novios y dormían en un "búngalo", que es como un iglú en donde viven los esquimales. Eso lo aprendí después, cuando hice una tarea de Ciencias Naturales sobre los "ecosistemas", en tercero de primaria. A mí me tocó la tundra, donde hay iglús, esquimales y muchos animales polares. Como a mi mami también le gusta mucho aprender y es pintora, a veces me ayuda a hacer las tareas, a estudiar y hacer manualidades, como las maquetas de los volcanes, los medios de transporte y la cartulina de la tundra. Recortamos fotos y palabras de las revistas y también de las monografías que compramos en la papelería del mercado, y luego las pegamos. Aunque mis trabajos siempre son los más lindos del salón, la maestra me puso un 9.5 en la cartulina de la tundra porque dijo que no estaba bien que las mamás ayudaran. Por eso yo sé que los búngalos se parecen a los iglús. Y en Veracruz, Jero y yo dormíamos en el otro búngalo diferente porque, como él tenía nueve años y yo cuatro, ya me podía cuidar. Jero siempre está conmigo, y cuando mi mamá nos mandó a Cartagena para que no nos mataran ni nos hicieran nada malo, él jugaba conmigo y me daba el tetero porque yo no se lo quería recibir a nadie, solo a él. Al día siguiente nos fuimos a la playa. Lo malo es que no teníamos chanclas y la arena quemaba mucho. Cuando la pisaba era tan caliente-tan caliente que la sentía fría. Eso no lo sé explicar. Entonces, corrimos como si estuviéramos en una competencia hasta que llegamos a la orilla del mar, y nos mojamos los pies y ya no nos ardían. Jugamos mucho, hicimos huecos en la arena y figuras, y como me daba miedo el mar, mi papá me agarró de la mano y fuimos entrando juntos hasta lo hondo y, entonces, me cargó para que no me hundiera. *Hoy que me asomo a ese pasado casi diluido por el tiempo y la distancia, imagino que aquel miedo era, en realidad, la conciencia de mi propia vulnerabilidad frente a lo desconocido. Recuerdo, eso sí, la sensación de estar ante la insondable presencia de algo tan poderoso que me podía tragar en un segundo. ["Siempre me encontrarás en el mar", me dijiste ese día que tu voz llegó a mí a través de la médium. Y, al escucharte, lloré un maremágnum y quise tatuarme esa frase en el cuerpo para poder leerla todos los días y sentir que "en realidad" (¿qué significa eso?) no te habías ido. Quise imaginar que al ver el mar estaríamos contemplándonos el uno a la otra. Lloré millones de lágrimas saladas porque en cada una de ellas también estabas tú. Lloré días y meses frente al mar porque, desde que te fuiste, los tres empezamos a ser uno solo. Pero, por más que quiera procurarme palabras de consuelo, me lastima habitar esta materialidad, la que me mantiene presa aquí y ahora, la que no me deja irte a buscar a dondequiera que te hayas ido].* Después de que jugamos muchas horas con Jero nos sentimos muy cansados y nos quedamos dormidos en la playa. Cuando nos despertamos y nos fuimos al búngalo me ardía todo el cuerpo. En la noche, Guada me echó una crema porque tenía la espalda tan roja que no me podía mover ni me podía dormir del ardor tan gigante. Eso mismo me pasó en otro viaje a Ixtapan de la Sal cuando me quedé solita en una alberca, y había mucho sol y me ardía mucho la piel. Entonces me metí en otra alberca para ver si se me quitaba el dolor pero después me ardía más. Guada me dijo que siempre hay que ponerse una camiseta para entrar a la alberca o al mar porque si no, se te "chamusca" la piel, como dicen en México, eso quiere decir que se te quema. En ese viaje a Veracruz, otro día me metí sola con mi salvavidas en la orillita y, en esas, vino una ola muy grande y me dio muchas vueltas dentro del agua, y me pegué en la cabeza con una piedra. Casi no podía respirar del susto. Yo creí que me iba a morir, solita. Lloré mucho y después de eso el mar me dio más miedo que antes.

En las vacaciones de junio casi siempre nos vamos en carro a la playa. Además de Veracruz hemos ido a Acapulco, a Huatulco, a Puerto Ángel, Ixtapa Zihuatanejo, Puerto Vallarta, Puerto Escondido y a Zipolite, que es el lugar favorito de mi papá porque es una "playa nudista", eso significa que la gente no se pone traje de baño. Yo nada más he visto sin ropa a mi mamá y a mi papá. No me gustan los pelitos que tiene mi mamá "allá abajo" ni el pipí que le cuelga a mi papá. Tampoco me gusta ver a los adultos encuerados, como decimos en México. Cuando era bien chiquita me gustaba empelotarme, eso ya lo conté, pero ahora siempre me pongo traje de baño aunque es muy incómodo porque aprieta, y los resortes me dejan rojas las piernas y luego me arde mucho la piel. Es igual con las etiquetas de la ropa, por eso mi mamá siempre las recorta. Y para que los calzones no me lastimen, les abre una rajita a los lados y así me siento tranquila. No entiendo por qué la ropa elegante y los calzones son tan incómodos, ni por qué les ponen arandelas que pican. La ropa que a mí más me gusta de todas es la de educación física porque es suavecita, no aprieta y me siento libre. Cuando vamos de vacaciones, mi papá y Guada llevan dos carpas, una grande donde duermen ellos con Saulo y Maya, que son chiquitos, y otra mediana para Jero y para mí, que somos los hermanos mayores. A mí me gustaría dormir en la grande pero nunca digo nada. Aunque en Zipolite es diferente porque mi papá y Guada duermen en un cuarto de la cabaña de Loren y Luis, y nosotros cuatro en la carpa grande. Yo quisiera dormir con mi papá porque en la noche me imagino que alguien en la playa nos va a abrir la carpa y nos va a hacer algo malo. A veces lloro sin que nadie me escuche porque, además, paso muchos días sin ver a mi mamá y la extraño mucho porque es la persona a la que más quiero y con ella nunca me siento sola. Como las llamadas de larga distancia son tan caras tampoco podemos hablar con ella en todas las vacaciones, que son muchos días. Además, mi papá me explicó que no hay teléfono en esos lugares como Zipolite porque son "playas vírgenes", o sea que casi nadie las conoce. *Amaba ir al mar en familia, viajar por carretera, cantar juntxs en el camino, sentirme parte de una manada. Pero, al mismo tiempo, se avivaba en mí ese sentimiento de abandono que me acompaña(ba) a todas partes. [Estabas ahí a disposición, papi, pero no estábamos juntxs o no sabíamos estarlo, no nos conocíamos. Éramos lejanos y yo percibía esa distancia como un desgarro. Hoy le puedo poner palabras a esa sensación. ¿Cómo podría una niña de siete, nueve o doce años explicarle a su padre que estar con él le hacía extrañarlo más? ¿Contradicción, sinsentido?]. No lograba dimensionar el tiempo: los días eran eternos, las horas pasaban lento y, así, una semana, diez días, quince, los que fueran, se me hacían infinitos. Aunque Guada era amorosa y especial, yo cargaba siempre ese dolor de extrañar a mi madre, de querer estar con ella cada minuto. La herida de abandono. [Acallar los deseos, creer que son irrelevantes y pasar lo más desapercibida posible, ser lo que esperaban de mí, siempre, sin excepción, fue una estrategia de sobrevivencia. "Casi no se siente, es tan juiciosa…". Alma de animal herido. ¿Qué habría pasado si te hubiera dicho lo invisible que me sentía? Y si en vez de llorar sola y tratar de estar contenta, de adaptarme, ¿hubieras percibido mi tristeza y me hubieras consolado? ¿Me habrías invitado a dormir con ustedes en la cabaña? ¿Habrías jugado conmigo de la misma forma como jugabas con mis hermanitxs? ¿Por qué entre más cerca, a veces, más lejos?].* Me encanta estar en la playa, jugar toda la mañana en la orilla, enterrarnos, hacer castillos de arena y, luego, comer todos juntos. Después hay que esperar un poquito para "hacer la digestión", o sea, para que la comida se vaya del estómago al intestino porque si nos metemos al agua enseguida, nos puede dar un calambre y nos podemos ahogar. En la tarde seguimos jugando y otra vez al mar. Como a las cinco o seis nos tenemos que bañar con "agua dulce", como dice Guada, para quitarnos lo salado del mar. Pero el agua de Zipolite huele a huevo podrido y cuando me baño me dan ganas de vomitar porque también se siente pegajosa. Guada dice que es porque le ponen "azufre", como en el infierno, donde vive el diablo, que yo creo que huele así, por eso hay que orar y ser bueno, para que cuando te mueras te vayas al cielo, donde todo es lindo, "siempre están de fiesta y huele a santidad", dice mi mami. No sé qué olor es ese. El azufre se lo ponen al agua porque está contaminada y no se puede tomar. Por eso tienen que "desinfectarla", eso quiere decir matar todos los bichitos. Guada también desinfecta la lechuga con unas gotitas que le echa al agua. Ella me enseñó que no se puede comer ensalada en la calle ni en los restaurantes porque si no desinfectan las verduras nos podemos enfermar. Como cuando teníamos gusanos en la barriga y mi mamá nos llevó a purgar y nos dieron un vaso con un jugo que sabía horrible, luego otro vaso con aceite de oliva que casi me hace vomitar, y otro vaso con jugo de naranja, ese sí sabía rico. Después nos pellizcaron tan duro en la espalda que me dieron muchas ganas de llorar, pero me aguanté. Luego nos fuimos a la casa en el vocho de mi papá, pero estábamos tan mareados que vomitamos en el carro. De las peores cosas en el mundo es vomitar. Lo único bueno es que mi mamá me agarra la frente y me abraza, y cuando termino de vomitar lloro de la impresión pero ella siempre me dice "tranquila, ya pasó", y se me pasa. Lo que más me gusta de estar en la playa es sentirme fresquita, por eso me baño aunque sea con esa agua horrible, y me mojo el pelo para que se me quite el calor. Luego me pongo la ropa seca, que huele a la casa de mi mami, y me voy solita a la playa cuando el sol se está metiendo al mar. Me gusta sentarme un ratito a ver las olas y hacer corazones en la arena, y también escribir mi nombre, el de mi mami y las palabras nuevas que aprendo. Eso también me hace sentir tranquila. Es triste cuando ya es de noche porque quiere decir que ya casi nos tenemos que acostar, y a mí me gusta estar despierta, escuchar el mar y ver las estrellas porque me imagino cosas lindas. Un día, Felipe, un amigo de mi papá, me enseñó a ver las estrellas fugaces, que son las que van de un lado al otro y luego desaparecen. También me contó historias de las "constelaciones", que son las familias de las estrellas, como mis abuelos, mis tíos y mis primos. Y me mostró el Cinturón de Orión, que son las tres estrellitas seguiditas y nunca se me olvida porque se parecen a los tres Reyes Magos.

En Zipolite vive Estrella, la hija de Luisa y Lorenzo, que tiene como dieciséis años. Jero tiene catorce, y yo nueve. Estrella siempre se pone bikini y tiene los ojos verdes y la piel café con leche brillante. Parece de color dorado, que le encanta a mi mami, y pedacitos de pelo güeros. Se pone muchas pulseras y collares, y por eso cuando la veo me acuerdo de Bruc Shilds, que es la actriz que más le gusta a mi hermano. Hasta tiene un póster de ella en su cuarto de la película *La laguna azul*. En esa historia hay un niño y una niña que se quedan solos en una isla, y cuando crecen se enamoran. Yo creo que mi hermano se imagina que Estrella es Bruc Shilds, lo malo es que a ella le gusta un muchacho que vive en la misma playa pero Lorenzo y Luisa no los dejan ser novios, por eso ella llora mucho, como en las telenovelas que vemos con Inma. No sé por qué los papás hacen llorar a los hijos. Yo me pongo muy triste cuando le veo los ojos porque me doy cuenta de que no está feliz. Estrella se parece a Luisa, tienen los mismos ojos. Se peina con una trenza larga hasta la cintura, habla suavecito y es muy cariñosa. Pero su esposo, Lorenzo, es un señor de pelo blanco que tiene "embolia", que es una enfermedad, y le salen bolas por todo el cuerpo. Yo casi no lo miro porque me da mucha impresión y se me pone la piel chinita. También me asusta porque es muy "cascarrabias", como me dice mi mamá cuando me enojo. A veces Jero y Estrella juegan juntos en el mar, y otras veces él se va solo a la playa para ver a las "extranjeras", o sea, a las mujeres de otros países que se meten al mar sin traje de baño. Un día Jero tenía que lavar los platos de la comida pero se fue al mar sin permiso.

Mi mamá nos enseñó que hay que ser educados, lavar siempre nuestro plato y preguntar en qué podemos ayudar. Por eso, mi papá me dijo que lo fuera a buscar. Yo caminé por toda la playa pero no encontré. Luego, Estrella me acompañó a la Playa del Amor, que queda en la parte de atrás de unas piedras gigantes. Se llama así porque ahí van los novios a darse besos y hacer lo que vimos en el edificio del frente el otro día que estábamos jugando en la azotea. Yo lo sé porque otro día vi eso. También se meten al mar sin ropa. Para llegar allá hay que subirse a esas piedras, y como yo soy muy "ágil" no me caí. Cuando vi a Jero de lejos me asusté porque también se había quitado el traje de baño. Y empecé a gritarle que se lo pusiera y que se lo pusiera, y todo el mundo me volteó a ver pero él no me hacía caso. Entonces le grité más fuerte y le dije que tenía que ir a lavar los platos y, como la gente me miraba, se puso furioso y vino a donde yo estaba y me regañó hasta que me hizo llorar. Pero yo solo estaba obedeciendo a mi papá y el que desobedeció fue él. Eso me pone triste, y más si Jero me dice cosas feas porque es la persona a la que más quiero en segundo lugar, después de mi mamá.

Como a él le gusta mucho manejar, mi papá le presta el carro a veces porque ya tiene quince años y es grande, y yo diez. Otras veces lo agarra sin permiso, como cuando, en otras vacaciones, nos fuimos con Estrella a Puerto Ángel, que queda cerca de Zipolite. Allá hay una bahía y una playa bien grande. Entonces, Jero pagó para que le dieran un "kayak", que es una barquita donde solo caben una o dos personas. Me gusta esa palabra porque se lee igual para adelante que para atrás. Él se subió primero, como siempre, y cuando vi lo rápido que iba me emocioné mucho y le dije que yo también quería y que quería y que quería hasta que me dijo que sí. Entonces me subí con Estrella y empezamos a remar y a remar, y no nos dimos cuenta de que nos fuimos bien lejos de la playa, y las olas nos empezaron a llevar cerca de unas rocas gigantes que me dijo que se llaman "acantilado". Me gusta esa palabra, suena elegante. Entonces empecé a gritar que alguien nos ayudara porque tenía mucho miedo y no sabíamos cómo regresar. Yo miraba a los lados porque, como me vi la película de *Tiburón*, me imaginaba que había muchos tiburones que nos podían comer si nos caíamos al agua. Entonces Estrella, que no tenía miedo porque nada todos los días y no se había visto esa película, se tiró del kayak para ir a la playa a buscar a alguien que nos ayudara. Yo me quedé sola todo ese tiempo y me imaginé cosas bien feas. Luego vino un adulto en otro kayak a rescatarme, y yo lloraba y lloraba porque solo sé chapotear un poquito y hacer el "muertito", que es cuando te acuestas en el agua como si estuvieras dormida pero si no inflas la panza con aire, te hundes y te puedes ahogar. Eso me lo enseñaron en la alberca del DIF, a donde mi mamá nos lleva a los cursos de verano, si no vamos a los Pumitas. Cuando ese señor me llevó a la orilla, Estrella se había desmayado de todo lo que nadó y también del susto, y tuvimos que ir rápido al hospital. Allá se quedó un rato mientras Jero y yo regresamos a Zipolite a buscar dinero para regresar otra vez a Puerto Ángel y recogerla sin que nadie se diera cuenta. Él estaba muy bravo conmigo otra vez porque también se asustó mucho y me volvió a regañar, y dijo que todo eso era mi culpa, y yo me puse a llorar. *Pienso en la forma que cada unx tiene de enfrentarse al miedo; en la responsabilidad de cuidar la vida de otrxs; en cómo el azar puede convertir un momento de descubrimiento —la velocidad, la exploración del propio cuerpo en movimiento sobre el agua, el admirar un paisaje majestuoso— en una tragedia. Gracias al miedo, los animales humanos y no humanos aprendemos a protegernos de nuestra propia vulnerabilidad. Pero también, cuando descubrimos la indefensión, ese mismo miedo se apodera del cuerpo y nos paraliza. Mi hermano recuerda que la desesperación me impidió volver a remar de vuelta con la misma determinación con la que habíamos llegado hasta aquel risco. En mi memoria, el tiempo se detuvo y solo recuerdo verme cada vez más cerca de las rocas. Escucho mis gritos, siento la angustia y, una vez más, me inunda la certeza de estar en riesgo [otra vez sola] en el mar. [El mar, siempre el mar].*

Las veces que vamos de viaje por carretera, Guada nos levanta muy temprano cuando todavía es de noche para que alcancemos a llegar de día. Ella siempre le pregunta a mi papá que si llevó el carro a revisar para que no nos vayamos a varar porque en las carreteras de la Sierra Madre Occidental, que son negras, solo hay nopales y montañas pero no hay talleres. También hay muchas curvas, por eso Saulo y Maya se marean y mi papá, a veces, tiene que parar. Yo también me mareo pero, cuando siento ganas de vomitar, me aguanto y no digo nada. "Pongo la cabeza en otra cosa", como me enseñó mi mamá cuando algo me duele o me mortifica. Entonces, miro el paisaje o saco la mano por la ventana y juego a hacer olas con el viento. Así se me pasa un poquito el mareo y no tengo que pedirle a mi papá que pare el carro, eso me da pena. Pero cuando no podemos parar y mis hermanitos vomitan en la bolsa del Pan Bimbo siento que no me voy a poder aguantar. Guada me dice que no los mire, pero si escucho o huelo es igual que si viera, entonces me tengo que tapar los oídos y la nariz y voltearme, y esforzarme para no vomitar pero me cuesta mucho trabajo. Así son las carreteras de la Sierra Madre. Qué nombre tan bonito. Ya dije que a mi mami y a mí nos gusta ver los mapas y aprendernos los nombres de los ríos, de las montañas y de los desiertos, que también me enseñan en la clase de Ciencias Sociales. Por eso sé cómo se llaman algunas ciudades y pueblitos por donde pasamos. Y si no me los sé, leo los letreros que hay en la carretera y me los aprendo. *Los viajes por México, un país tan lleno de todo y de tanto, siempre me trajeron ilusión y felicidad, a pesar de no poder estar con mi madre. Las salidas de madrugada para evitar los trancones; el atravesar la Sierra Madre, con toda su aridez y su esplendor, con sus cactus centenarios; sentir en el cuerpo las curvas infinitas; coleccionar las historias narradas en aquellos trayectos; aprender las letras y la música de Pablo y Silvio que cantábamos juntxs, el "Tecolote de mi tierra", de Guada, el "Érase una vez un lobito bueno", de papá, las "20 canciones de amor y un poema desesperado", de Aute evocando a Neruda... Todo ha quedado impregnado en la memoria de mi alma-cuerpo. Los paisajes ancestrales que contemplaba con asombro a través de esos ojitos que querían conocerlo todo me conectaron siempre con algo que ni siquiera hoy logro poner en palabras pero que está ligado a la tierra, a un origen muy antiguo. Tiene que ver, quizá, con un estar en el mundo buscando/encontrando/conectando; con la necesidad de hallar sentidos en cualquier experiencia y con el vivir observando/registrando/sintiendo con todo el detalle. [¿De dónde viene esa pasión, el querer aprovechar cada minuto? A veces pienso que el contacto con la muerte desde tan niña, el pánico de saber cuán frágiles y vulnerables somos, y esa capacidad de sentir con tanta intensidad me conectó a las entrañas de la Vida de una forma que aún no logro dimensionar]. Cada viaje se me revelaba como alimento primordial de la existencia y mi despensa emocional era un país cuya riqueza ancestral es infinita. Todo esto lo descubriría mucho después, en los tiempos del retorno, cuando volver del exilio fue volverse a sentir exiliada, esta vez, en la propia tierra.* En México siempre nos vamos de vacaciones en carro. Solo monté en avión cuando era bebé que me llevaron a Cartagena y luego cuando mi mami nos mandó a donde los abuelos, después cuando nos vinimos a México y de último cuando fuimos de vacaciones a Colombia. Guada siempre hace unos sángüiches de jamón y queso y cocina huevos, que huelen horrible, para que comamos en el camino. Y también nos da mandarinas, manzanas y plátanos. Yo sé que casi llegamos a la playa porque voy contando en el reloj del carro una, dos, tres, y así hasta llegar a las ocho horas que me dijo mi papi que duraba el viaje. Y también me doy cuenta porque nos estacionamos al lado de la carretera para comprar agua de coco. A mi papá le encanta porque le recuerda a Cartagena. Y como se pone triste acordándose de sus papás, de sus hermanos y de sus amigos que han matado, le echa al agua de coco un poquito de vodca, que es algo que pone feliz a la gente. A veces me da a probar solo un traguito porque eso nada más lo toman los adultos, y sabe riquísimo. Entonces cantamos y cantamos para que se vaya la tristeza, hasta que por fin empezamos a oler el mar y luego lo vemos, y queremos bajarnos del carro y correr para tocar la arena y mojarnos los pies.

Cuando viajamos por carretera me fijo en las "rutas", o sea, en los caminos para llegar a donde vamos, igual que cuando acompaño a mi mamá a hacer diligencias. Ella se aburre de ir siempre por la misma ruta, por eso a veces cambiamos, y así aprendemos los nombres de nuevas calles. Pero mi papá dice que "nunca se sabe" si las personas malas quieren lastimarte, por eso es mejor no ir por el mismo lugar. Yo veo los mapas en las estaciones del metro para saber a dónde vamos, y Guada saca un libro con muchos mapas que se doblan y son de toda la República mexicana. Tiene rayas que no entiendo pero ella sí, y dice que las rojas son carreteras "de pago" y las azules, las de terracería, que son gratis porque están viejitas y son de tierra. Cuando agarramos esas tenemos que subir los vidrios para que no se meta el polvo aunque haga mucho calor adentro del coche. Guada le va diciendo a mi papá por dónde tiene que ir. Ella es muy inteligente y habla con una voz muy suavecita que me hace sentir tranquila porque, además, si nos perdemos le pregunta a las personas que encontramos en la carretera o en los pueblos y, así, siempre llegamos al lugar al que vamos, aunque a veces nos tardemos un poquito más. Yo creo que eso también es porque Dios nos ayuda y nos protege. Antes de salir de la casa, mi mami y yo siempre repetimos el Salmo 121, versículos 7 y 8, y cuando nos vamos de viaje yo lo digo en mi cabeza porque mi papá y Guada no creen en Dios. Ese Salmo está pegado en la puerta y también otros que mi mamá pone en las paredes. Jaime, el hijo de Gilberto que es amigo de Jero y que me gusta mucho, fue a recoger a mi hermano, y cuando vio todos esos versículos dijo que le daban miedo. Yo creo que es porque sus papás tampoco creen en Dios, y a él no le han enseñado que tiene que leer la Biblia y orar todos los días para que nada malo le pase cuando salga de su casa. Mi mamá siempre dice que no hay que tener miedo y que "todo obra para bien a los que aman a Dios". *La fe de mi madre respecto a nuestra seguridad, a fuerza de oraciones y repeticiones de promesas bíblicas, se terminó convirtiendo en un hecho incontestable en mi vida. Siendo adulta nunca tuve miedo de caminar por zonas peligrosas ni de recorrer las calles de tantas ciudades desconocidas por las que viajé desde los dieciocho años. Los consejos de mi padre respecto al riesgo de mantener los mismos hábitos y transitar las mismas rutas también me enseñaron a sentir la calle, a percibirla casi que en modo animal, escuchando mi intuición. Aunque también he de confesar que hace poco me di cuenta de que, al salir de casa, hago siempre un ejercicio de análisis automático e inconsciente sobre las estrategias para enfrentar desde un hipotético robo simple hasta un secuestro, y todas las posibilidades entre medias. Al regresar sana y salva, el sutil y casi imperceptible chequeo mental consiste en agradecer porque "hoy me salvé, pero mañana quién sabe". [La presencia de la guerra en la mente y en el cuerpo de lxs niñxs que, al parecer, nunca se va]. No conozco la violencia callejera, a pesar de haber recorrido millones de kilómetros a pie, en bicicleta y en todo tipo de transportes públicos. Con esa sensación de volatilidad, inestabilidad y desarraigo con los que crecí, y que han sido de los grandes desafíos vitales, a los veintiséis años me dio por hacer una lista de espacios donde había dormido que incluían la clínica donde nací, guarderías, casas y apartamentos de todo tipo, campamentos, búngalos, hostales, hoteles, fincas, residencias de estudiantes, oficinas, viviendas indígenas e incluso no lugares, como coches, buses, trenes, aviones, aeropuertos, estaciones… ciento ochenta y cinco en total. Cunas, corrales, sillas, mecedoras, alfombras, metates, bolsas de dormir, colchonetas, hamacas, carpas, camas austeras y de lujo, camas de agua y hechas con troncos sirvieron de reposo para mi cuerpo en treinta y seis ciudades de México, treinta y nueve de Colombia, y veinte de Europa. En total, noventa y cinco lugares del mundo habían arrullado mi sueño, entre veredas, pueblos, ciudades, playas, islas, desiertos, llanuras, selvas, bosques y montañas. [¿A qué se debe esta necesidad/ azar/destino que me ha conducido a un movimiento incesante, a veces impulsada por el placer, otras por el desasosiego? ¿Qué busco que no encuentro? ¿Ansiedad movilizadora? ¿Fascinación? ¿Necesidad de hallar un lugar en el mundo? ¿Vestigios genéticos de una migración ancestral que nunca cesa? ¿Todas al mismo tiempo?].*

Una vez Celina y yo fuimos a orar a la vereda donde nació Francis, nuestra amiga indígena, porque desde hacía seis meses no llovía y necesitábamos que Dios hiciera un milagro para que ellos pudieran sembrar maíz y otras cosas para comer. Era lejos del D. F., en Tasquillo, que es un pueblito del estado de Hidalgo. En otomí, el idioma que ella habla, significa "lugar de cabras". Cuando la gente me dice "qué bonito nombre tienes", mi mamá me enseñó a responder que Cielo significa "lugar de eterna felicidad", y que siempre hay que investigar qué significan los nombres, de qué país son los apellidos y en qué trabajan los papás. Francis no sabía hablar bien español porque se lo enseñaron cuando cumplió veinte años, y por eso se equivocaba tanto y pronunciaba algunas palabras mal. Aunque yo solo tenía seis años, la corregía todo el tiempo porque siempre me saco dieces en Español, que es mi materia preferida, junto con Sociales, Educación Artística y Manualidades. Además, como a mí me gusta mucho aprender nuevas palabras pensé que a ella también. Pero un día se enojó conmigo y me dijo que ya no la corrigiera y que no le enseñara nada. Cuando me regañan siento que me arde el cuerpo por dentro y me dan muchas ganas de llorar. Yo solo quería que ella hablara bien. El día que nos fuimos con Celina a Tasquillo agarramos un camión que salió de la Terminal de Transportes, que es a donde van todas las personas que viajan por la República mexicana y que no tienen coche. Tardamos como tres o cuatro horas y hacía mucho calor. Nos bajamos en la Plaza de la Candelaria, donde había un kiosko muy bonito, aunque no como el de Coyoacán que es grande y siempre hay señores que tocan un instrumento que se llamado organillo, y venden globos, algodones de azúcar y jícama con chile piquín y limón. Luego nos fuimos caminando para adentro de un cerro donde nos estaba esperando un primo de Francis. Había un caminito de tierra amarilla con muchos cactus y nopales a los lados, y muchas piedras que me gustaron tanto que las fui guardando en una mochila que me mandaron de Cartagena mis primas Irene y Juliana porque quería llevármelas a la casa. Esa mochila era bien linda, azulita clara, y en la parte de adelante tenía a Zigui, que es un muñequito dibujado que le colgaban los piececitos gorditos y se le movían. La mochila también tenía un enunciado en inglés que mi mami pronunciaba como si fuera gringa y que yo aprendí a escribir. Dice *"Don't follow me, I am lost too"*. Yo sé que eso significa "No me sigas, yo también estoy perdido" porque en la escuela aprendo inglés, y ella también me enseña cuando vamos en el metro o en el bus. Como ese mensaje era "muy negativo" y ella siempre corrige lo que no le gusta, lo borró con pintura blanca y escribió encima *"Follow me, I am not lost"*, que quiere decir "Sígueme, no estoy perdido". A mi mamá le encanta hablar en inglés para que practiquemos y para que la gente piense que somos de otro país, pero a mí me da mucha pena porque me siento muy presumida y ya dije que eso no me gusta. El primo de Francis me decía que no agarrara tantas piedras porque me iba a cansar y todavía faltaba mucho para llegar a donde nos íbamos a quedar. Pero no le hice caso porque yo quería guardarlas todas. Eran tan bonitas que quería llevarle unas a mi mamá, otras a Jero y otras para mí. Pero luego me cansé porque pesaban mucho y tenía sed porque el sol estaba muy fuerte, entonces tuve que regresarlas todas. Según mi cálculo, caminamos como dos horas, aunque siempre me decían "ya casi llegamos", "aquí a la vuelta", y no era cierto. Mi papá dice eso también en las reuniones, que "ya casi nos vamos", pero siempre nos quedamos más tiempo, y a mí me da rabia porque decir mentiras está muy mal. Cuando ya casi no podía caminar llegamos a donde vivía la familia de Francis, aunque solo había tres casas en la montaña y un río al lado. Todos estaban muy felices de que los habíamos ido a visitar. Nos dieron frijoles y tortillas para la comida, y también para la cena, y al otro día para el desayuno porque solo había eso de comer. Pero a mí no me importó porque estaba más rica que la comida que prepara Celina, que es deliciosa. En la noche dijeron que "éramos las invitadas especiales" y nos dejaron dormir juntas en una casita que solo tenía un cuarto y una cama, que eran unos troncos. Encima tenía un petate, que es una alfombra dura de color amarillo que tejieron las tías de Francis con las hojas de una palmera, que es mi árbol favorito. Yo también sé tejer pero con estambre y con hilos de colores. Primero aprendí con la aguja de croché y luego con las dos agujas, que es más difícil. Cuando me acosté en esa cama me dolía la espalda y la cabeza porque se sentían los palos, pero tenía tanto sueño que me quedé dormida. Al día siguiente me despertaron los gritos de las primas. Dijeron que en la madrugada habían pasado por debajo de nuestra cama una serpiente de cascabel y una cobra, como las que salen en *El mundo de los niños*, la enciclopedia de Jero que me gusta ver porque aprendo muchas cosas. Celina se dio cuenta porque el sonido de la víbora de cascabel la despertó, pero dijo que para no asustarla se había quedado quieta y no había prendido la vela. Y se puso a orar para que el Señor nos protegiera. En la mañana, las tías y las primas de Francis entraron a la casita y, como el piso era de tierra, vieron que había quedado el dibujo de cuando las dos culebras habían pasado por debajo de la cama, como cuando escribo mi nombre en la arena de la playa. A mí me dio mucho miedo pero para que se me olvidara me llevaron al río Tula a bañarme. Había un lugar redondito en la orilla que era como una alberquita. Y ahí una prima de Francis me bañó con champú Yonsons de manzanilla, que huele bien rico, y jugó conmigo. El agua estaba calientita y deliciosa. Y como a mí me encanta bañarme, estuve feliz. Nos quedamos dos días y yo me quería quedar más tiempo porque nos querían mucho y me sentía tranquila. *Esa experiencia del tiempo compartido con aquella comunidad ha permanecido indeleble en mi memoria, a pesar de que no tenía más de siete años. Nos separaba el idioma porque ellxs no hablaban nuestra lengua ni nosotras la de ellxs. Sin embargo, surgió un afecto sincero porque el cariño verdadero precisa de acciones, no de palabras. Durante nuestra corta pero entrañable estancia en el hogar de aquellas personas sencillas y generosas nos cocinaron y compartieron lo poquísimo que tenían, con genuino amor.* Me dieron ganas de llorar cuando tuvimos que regresar al D. F. porque yo quería ir otra vez al río y comer más frijoles con tortilla, aunque hubiera serpientes. Siempre quiero que me quieran como nos quiere la familia de Francis que ahora también es mi familia.

6
El padre, el enigma

Siempre hay cigarros por todas partes. En el cenicero del carro, en el de la sala, en la boca de mi papi. Apaga uno y prende otro y, así, todos los días igual. Hay humo por todas partes, a todas horas. *[¿Se sitúa aquí el inicio del fin? ¿Qué esconde una persona que inhala y exhala humo "por todas partes y a todas horas"? ¿Para qué (¿sirve?) saberlo?].* Con ese olor me dan ganas de vomitar y más cuando vamos en el carro con las ventanas cerradas. Pero si las bajo me pasa lo mismo por la contaminación. Hay días con tanto esmog, como decimos en México, que entramos a la escuela a las nueve y no a las ocho, y puedo dormir un ratito más. De las cosas que más furiosa me ponen es que me despierten *[el sueño es sagrado]*, y más cuando mi mamá me dice "ya es hora" porque es bien difícil despertarse. Por eso me levanto "de mal genio", eso significa que no quiero que nadie me hable, y solo pienso en que me quiero acostar otra vez pero no puedo, y eso me mortifica, entonces "hago berrinche", que es algo malo. Las únicas veces que no me da rabia es cuando mi mami me pone el caset de "Quiero alabarte" para que me despierte despacito. Siento como si estuviera en el cielo porque esas canciones de Dios son bien suavecitas y bien lindas, y entonces se me van metiendo en el oído, y además mi mami me acaricia. Esos días me levanto feliz y canto, que es de las cosas que más me gustan, junto con el helado del Jelens, las Pastisetas y las cosas ácidas. Eso ya lo expliqué. Dicen en la tele que respirar la contaminación de las ocho de la mañana nos hace daño. Como es invierno, la "capa de ozono" se pone gruesa o algo así, pero no sé explicarlo. El olor del esmog es igual que el del cigarro, que está casi en todas partes y casi nunca se va, solo cuando estamos en la playa, en el parque y en el bosque del Bilbao. Cuando voy en el carro con mi papá o con Guada veo que los camiones y los carros echan humo negro y me preocupo. Si eso es malo para los niños y no podemos ir a la escuela a la hora de la entrada, ¿por qué no los arreglan? La policía debe castigarlos. Cuando a mí me dicen que algo es malo, como decir groserías, hacer rabiar a alguien, gritar o decir mentiras, pues no lo hago. Y si es algo bueno, entonces lo hago aunque me cueste trabajo, como lavar los platos, ser siempre la número uno en el colegio o ir a la iglesia los domingos, aunque me gustaría más quedarme durmiendo o viendo la tele en piyama, comiendo Miguelito y Chocolate Abuelita. En las gasolineras hay dibujos de cigarros metidos en un círculo rojo con una raya encima. Eso significa que está "prohibido" fumar, o sea, que no se debe hacer. Mi papá me dijo que es porque si se cae una chispita del cigarro se puede incendiar todo, hasta los carros, y yo pienso que también las personas que están adentro y, entonces, se me pone la piel chinita. Eso es porque la gasolina es "inflamable". Es una palabra rara, y hay que decirla despacito porque como tiene dos eles es difícil de pronunciar. Cuando aprendo palabras como esa siento miedo porque me imagino cosas malas y pienso que todo es muy peligroso, por eso "hay que estar atentos para que no se nos olviden las cosas importantes", como dice *miss* Brenda. Y mi mamá nos repite que "hay que aprender a obedecer". Entonces, yo me fijo que mi papá apague el cigarro en las gasolineras. Y él siempre lo hace.

Cuando estoy con él, lo veo preocupado y, por eso, yo también me preocupo. *La percepción era mucho más amplia pero siendo tan chiquita era difícil darle sentido a la maraña de emociones y sentimientos que me invadían cuando estaba con mi padre. [¿Debo seguir hablando de ti en tercera persona y usar corchetes para hablar contigo en este capítulo que es todo tuyo? Quisiera saber hasta cuándo me va a doler tu recuerdo en detalles ínfimos del día a día, en los recovecos de la vida donde te vuelvo a encontrar, una y otra vez]. Yo lo sentía abstraído en sus pensamientos, concentrado siempre y obsesivamente en "la lucha". No había nada más que eso. Hoy, que vuelvo a aquel pasado tan presente, ahora como mujer y madre, entiendo cuán difícil es hallar el balance de las cosas. Para él, su mundo entero giraba en torno a la causa por la que estaba dispuesto a entregar su vida. [¿Cómo se sentirá tener un propósito tan superior que te impulse a sacrificarlo todo, incluso la propia vida y la de los seres que más amas? ¿Alguna vez lo sabré? ¿Hace falta? ¿No basta con lo vivido?]. Mi padre hacía de todo, a todas horas: al tiempo había que embutirlo con lo que le cupiera, menos con ocio. Para eso había muy poco espacio en su agenda. [Hoy, también hoy, me reconozco en cada una de esas letras, en la más insignificante coma, dos gotas de agua, eso me enseñaste]. El ocio, ¿para qué? [Nunca lo supiste. ¿Alguna vez te lo planteaste? ¿Cuándo fue la última vez que yo me lo planteé?]. No sé responder. Después de ir y venir por esta vida; luego de todas las horas de yoga y meditación, de escritura y psicoanálisis me parece haber encontrado algo que está instalado en el origen-de-las-cosas y nos ha impedido abrazar la nada, el sinsentido, hacerlo parte de nuestra vida. [Se llama ansiedad, mucho gusto. Te conozco desde siempre porque me has habitado desde tiempos inmemoriales, por eso ya no sé dónde empiezas tú y dónde termino yo]. La ansiedad como forma de-estar-en-el-mundo; la ansiedad que se intenta acallar inhalando y exhalando humo; esa visitante que se instaló en nuestras vidas y que nos impide estar tranquilxs, hacer nada.* Aunque yo me preocupe por casi todo nunca le digo nada a mi papi. No me salen las palabras, y yo creo que es porque se me quedan en la garganta. Ya dije muchas veces que siento como si tuviera una bola ahí que no me deja respirar. Me pasa igual cuando estoy muy triste. Y también expliqué muchas veces que me aguanto las ganas de llorar porque mi mami me enseñó que debemos ser dos mujeres valientes. *La represión de la necesidad, la inalcanzable perfección como-forma-de-sobrevivencia, la búsqueda de esa aprobación externa. El temor a que la palabra, la mía, fuera la causante de las inexplicables desapariciones de los seres amados, de la desaprobación entendida como la pérdida del amor de lxs otrxs que me hacía arder la piel [y no es una metáfora]. Esa creencia atravesó mi inconsciente y se me instaló en el alma: pánico al rechazo y al abandono vivido, ya para* entonces, *más veces de las que hubiéramos querido todxs. [La sombra que se iba haciendo grande y me iba tragando de tanto reprimirla].* Ya dije que mi papi nunca descansa ni juega conmigo. Tampoco me pregunta por las tareas y no va a las presentaciones cuando bailo. *[La falta de tiempo, la ausencia, porque todo lo demás —la sagrada lucha— era prioritario. Las palabras sencillas que nunca llegaron: "Cielito, ¿cómo te sientes?". "Te invito a comer un helado solo tú y yo". "Juguemos a lo que más te guste". "Vamos a donde tú quieras, ¿qué quieres?". ¿Para qué pedir, entonces? ¿Para qué hablar de mis deseos? ¿Deseos? No sé qué significa esa palabra. Nunca la aprendí, no sé explicarla]. Hoy sé que nunca hubo maldad. Era la vida misma tan llena de tanto: presentes urgentes, futuros inciertos, afugias y desgarros. Y, como una religión, una fe ciega en la esperanza. [Qué palabra tan dulce y luminosa, tan vaporosa y sublime… la esperanza tantas veces en cuidados intensivos, en su lecho de muerte. Pero ahí estaban ustedes, siempre, dispuestxs a ofrendarse para sostener su influjo]. Esas infancias, solitarias y traumatizadas, a pesar de las ausencias, germinaron permeadas por ese ímpetu. Padres y madres ausentes, unxs más, otrxs menos, que cambiaron la crianza, muchas veces asumida por tíxs y abuelxs, por una herencia de lucha colectiva que lxs hijxs no siempre supimos comprender. Peleaban por un cambio de visión y conciencia que, además, se activó de manera sincrónica en distintos lugares del mundo. Ellxs, nuestrxs padres y madres, eran lxs jóvenes del momento, inconformes con el estado de las cosas, que buscaban un futuro distinto también para nosotrxs. Y en ese maremágnum nunca hubo garantías para nadie, menos para nosotrxs, lxs hijxs, siempre a merced del peligro, la huida, el escondite, las violencias, el secreto, los exilios y los abandonos, algunos irremediables y definitivos. [¿Cómo se les explica a esxs niñxs que hoy son adultxs, mis hermanxs de la historia, que agentes del Estado mataron a sus padres, que torturaron a sus madres, que les persiguieron y les empobrecieron? ¿Qué se les dice cuando las violencias padecidas, los exilios, las identidades falsas, los escondites, la pobreza dejaron afectaciones psicológicas en ellxs y en tantísimas familias que ya nunca podrán ser atendidas ni reparadas? ¿Es mejor el silencio?]. Cuando tuve suficientes palabras en mi acervo como para explicarme lo vivido, me construí un relato que me ayudara a encontrar un sentido a las piezas de rompecabezas que había ido guardando en mi memoria durante tantos años [¿veintinueve, treinta y dos? ¿Importa el tiempo?]. Investigué, leí, pregunté, contrasté, lloré, odié a mi padre y a su maldita lucha, me sumergí en la depresión, busqué ayuda, salí, escribí y escribí, y seguí escribiendo. Durante ese largo y tortuoso proceso fui comprendiendo y encontrando el lugar de algunas piezas, hasta que logré atisbar un panorama que me llevó más allá de mí misma y de mi padre. Entonces perdoné, agradecí y acepté cada uno de mis agujeros existenciales. Empecé a remendar los que podía, a convivir con los que no; también a cuidar con amor mi colección de remiendos y palabras. Quise mostrarlas porque ya no tenía que negar mis historias ni esconderme de nadie. Empecé a amar profundamente a ese ser humano que, sin darme cuenta, me había enseñado todo con su ejemplo, y admiré en secreto a tantxs conocidxs y anónimxs que, como él, en algún momento de su juventud también vibraron con el rugir de su época y, a pesar del costo, entregaron el alma porque no supieron vivir de otra manera.*

En las presentaciones del colegio me siento triste porque no veo a mi papá. Siempre lo busco y nunca lo encuentro. Pero luego me pongo feliz porque mi mamá me aplaude. Yo quisiera que mi papá fuera para que viera cómo aprendí a zapatear el jarabe tapatío y a mover la falda, que es bien difícil porque se te cansan mucho los brazos. También quisiera que algún día fuera a recoger mis calificaciones, que siempre son las mejores, porque se sentiría "muy orgulloso de mí", como dice mi mami. Pero no tiene tiempo. Además de bailar, cantar y hacer dibujos lo que más me gusta es hablar. Así puedo usar todas las palabras que aprendo, pero no con los adultos ni con mi papá, solo con los niños, y jugamos a que yo soy la profesora. *¿Quién me aseguraba que, al expresarme, no se desataría el caos y, de nuevo, me dejarían (sola/de querer)? Los deseos apretujados, guardados bien adentro, donde no se vieran ni se escucharan [¿estará ahí también la génesis de mi final?], terminarían llevándome, con los años, a destruir mi tiroides. De haberme sentido en un espacio seguro habría sido tan fácil como decir "aire, no humo, por favor, papi", "huevos dorados, no crudos", "quiero jugar contigo, no ir a más reuniones". [Mi ansiedad y la tuya eran distintas pero, ya lo dije, provenían del mismo lugar. Aprendí de ti, contigo, a pesar de la distancia. Tus ausencias fueron amigas, maestras y demonios: acallar la necesidad y el deseo como entrenamiento cotidiano, hábitos de una vida entera, repetición incesante de los mismos rituales de autodestrucción. Sin saberlo nos estábamos matando de a poquito, despacito. Dos gotas de agua. ¿Qué puede salir mal de todo eso? ¿Mal? ¿Se pueden evaluar los aprendizajes de toda una vida con una palabra? ¿Cómo se mide la experiencia acumulada? ¿En qué tramo del camino nos perdimos, papi? ¿Intuiste la muerte? ¿Pensaste en mí? ¿Cómo fue el tránsito? Eras tú, despidiéndote, en aquellas turbulencias.*

Lo sé. ¿Por qué ya no puedo hablar contigo? ¿Por qué ya no puedo escucharte?].

Hay personas que le preguntan a mi papá que cuántos cigarros se fuma al día. Y yo sé la respuesta, dos cajetillas de Malboro rojo. Eso es mucho *[Rosa]* aunque Martina, Ana, Louise y otros compañeros también fuman todo el tiempo. Cuando lo acompaño a sus reuniones en El Parnaso o en el Sanborns de Insurgentes después de que me tomo mi capuchino, tengo que quedarme quietecita en la mesa y no puedo jugar, solo escuchar a los adultos. Por eso siempre le pido la cajetilla de sus cigarros, que tiene un plástico en la parte de abajo. Lo saco hasta la mitad, como me enseñó Jero, entonces, mi papá le hace un huequito con el cigarro prendido, fuma y le echa el humo adentro. Mientras sigue hablando y hablando y hablando, yo le pego al plástico bien suavecito en la parte de atrás y por el huequito van saliendo circulitos de humo, todos con formas diferentes. Me gusta ver las figuras que se hacen hasta que desaparecen. Y otra vez más humo y más circulitos que se convierten en flores o en nubes o en lo que se me ocurra para no aburrirme hasta que se acaba la reunión. Si va a abrir otra cajetilla, me deja quitar el hilito dorado del plástico porque me gusta cómo se siente. Es igual que cuando mi mami me acaricia o cuando veo trapear el piso, que me da sueño. *[¿Cuántas de tus cajetillas me habré fumado —odiando el olor— y cuántas te habrán conducido lenta e imperceptiblemente al punto de no retorno? Qué recuerdo tan presente en este presente tan inabarcable que hoy es para mí la vida]. Fumé muchas de las cajetillas de mi padre y, luego, las de mis parejas. (¿)Extraña(?)*

coincidencia. [¿Qué tanto (se) escondían en el humo? Debieron ser varios miles de cigarrillos los que fumé contigo y sin ti]. ¿Qué pasa en el cuerpo cuando las emociones son tan intensas y la mente tan incapaz de procesarlas?

[Esta madera antigua, convertida en escritorio, ha sido el hogar de millones de palabras escritas por quienes me precedieron: tú, Collazos, quién sabe cuántos más]. Hoy ofrendo las mías intentando encontrar algún sentido a lo vivido más allá del dolor, la obsesión, y el egoísmo de querer comprender [y de querer retenerte. No te vayas, papi. Yo quiero estar contigo. Y creo ver cosas que hasta ahora me eran esquivas y que no sé si alguna vez intuiste. Tal vez al llenar tus pulmones de humo sentías que le quitabas espacio a la nostalgia. Quizá fumando intentabas ahogar el miedo y la humillación; el desgarro de un exilio sin nombre; el dolor de tener el cordón umbilical atado a la tierra más violenta del continente donde nos querían matar a nosotrxs, a ti, a tus compañerxs, a cualquiera que osara disentir y protestar]. Nunca he logrado entender la degradación de un Estado que, financiado con los recursos públicos —que son sagrados, como me enseñaron mi abuelo y mi padre— y con recursos de otros gobiernos extranjeros interesados [¿para qué (¿sirve?) la soberanía?], persigue, tortura y "desaparece" a sus ciudadanxs, incluso a lxs mismxs que tributan. ["Desaparición": forma elegantemente perversa de nombrar el asesinato de Estado]. ¿En qué momento se les otorgó a las autoridades de un país "democrático" ese derecho? Al momento de escribir estas líneas, Colombia tiene veintidós condenas de la Corte Interamericana de Derechos Humanos, y es el tercer país del mundo con más casos de violaciones a los derechos humanos en los últimos cincuenta años. Esa misma Corte condenó al Estado

colombiano por el exterminio de seis mil militantes de la Unión Patriótica, un partido de izquierda legal. [¿Para qué (¿sirven?) las condenas internacionales?]. ¿Hablamos de un Estado genocida, como reconocen las condenas, o mejor nos quedamos a vivir en la ficción de una supuesta democracia solo porque aquí no hubo regímenes militares como en el resto de países del Cono Sur? ¿Cuándo nos van a contar quién financiaba las acciones criminales amparadas en el Estatuto de Seguridad y en los sucesivos planes para contener al comunismo, al socialismo, al sindicalismo, a los estudiantes y neutralizar a la oposición? ¿Estamos dispuestxs a debatir sobre un sistema político que esconde una tiranía de facto? ¿Quiénes diseñan los relatos mediáticos y con qué fines? ¿Por qué nos hablan de personas "desaparecidas", "dadas de baja" de "falsos positivos"/"ejecuciones extrajudiciales", en vez de reconocerlas como lo que son, ciudadanía torturada, asesinada y enterrada en fosas comunes por agentes del Estado y grupos paramilitares que históricamente les han apoyado? [¿Para qué (¿sirven?) los eufemismos?]. Ante a tanta barbarie, abusos e injusticias, quienes se rebelan frente a ese Estado, ¿pueden ser calificados como delincuentes? ¿De qué forma se resiste al terrorismo de Estado? ¿De dónde nace la violencia del régimen y la de la resistencia? ¿No han sido, acaso, las revoluciones el motor del progreso y de los cambios de regímenes autoritarios? [¿Para qué (¿sirve?) la memoria? ¿Para qué? ¿Para qué? ¿Para qué? ¿Quién puede darnos una respuesta que nos ayude a rellenar los agujeros y las grietas colectivas que más parecen cráteres y que, lo sabemos, no se van a poder resanar? Aunque una sutura no se le niegue a nadie]. Frente a tanto vacío, tanta locura, muy pronto yo también fui adelantando mi tarea de autodestrucción porque, finalmente, ¿para qué vivir/estar en este mundo? Y, en este *punto, me declaro incapaz de saber dónde poner o quitar los corchetes, porque todo ya es parte de lo mismo, lo que recuerdo de ti y de mí; lo que reflexiono, vislumbro e imagino; el duelo y mis lágrimas; la incomprensión y el dolor que me produce esta historia y todas las demás. [¿Dónde están los/mis límites? ¿Qué de lo que analizo y comento proviene de la niña, qué de la adulta que la consuela, y qué de la hija del guerrillero en duelo?].*

Las mujeres que van a las reuniones o a las fiestas en la Casa Colombia se ven lindas cuando fuman. "Aspiran", como dice el maestro de Educación Física, ponen la cabeza de lado, la levantan y "expiran" suavecito. Agarran el cigarro con los dos dedos como si jugaran a "piedra, papel o tijera". Luego voltean la palma de la mano para arriba y el cigarro queda para abajo. Se ve muy elegante. A veces también apoyan el codo en su otro brazo y la mano con la que agarran el cigarro queda hasta arriba. Yo me fijo muy bien para luego hacerlo igualito cuando compramos cigarros de chocolate y juego a que soy abogada y a que soy muy importante. Mientras hablo por teléfono con Rosi o con algún cliente, me pongo en la boca el cigarro o un lápiz, y hago de cuenta que fumo como ellas. Pero mi papá no fuma así. Él fuma rápido, no hace ninguna pose y se le hacen unos huecos en los cachetes. *¿Con quién compartías tus dolores más profundos, papi? ¿A qué no lograste sobreponerte nunca? ¿Me veías? ¿Te diste cuenta de que yo también sufría por ti y por mí, que me sentía abrumada con tantas cosas? ¿Habías pensando en la hermosa y trágica coincidencia de tener una herida compartida con tu hija? Aniquilando mi tiroides, poco a poco, mi cuerpo creyó que también* *desaparecería la angustia de no entender el absurdo, de no saber cómo expresarse y de sentirse siempre tan fuera de lugar, tan sin raíces, tan perdida. Tú, pulmones. Yo, tiroides.* Cuando hacen fiestas, mi papá y sus compañeros bailan, se abrazan y hay muchos cigarros por todas partes. Por eso me gusta estar en el jardín, porque ahí puedo respirar el aire que huele a pasto, aunque también me gusta estar adentro para escuchar la música colombiana y la cubana, que son muy bonitas porque suenan muchos instrumentos y son alegres. La única vez que veo sonreír a mi papá es cuando baila. *[¿Eran conscientes de que cada día era uno ganado a la muerte y, a la vez, un día menos de vida? La conciencia del presente como un regalo]. Lxs exiliadxs del Cono Sur habían llegado a México librándose de la tortura, aunque no todxs. Y, por supuesto, habían escapado de la "desaparición". [Todos ustedes, danzantes, en realidad eran sobrevivientes]. ¿Qué pasa en el corazón y en la mente de una persona que es violentada por quien, en teoría, debe garantizar su derecho a la libertad de expresión, al libre desarrollo de la personalidad, a la dignidad y a la vida? ¿Cómo seguir alimentando la esperanza después de eso? ¿De qué material estaban hechxs ustedes?*

Además de ir a reuniones y a fiestas, mi papá también hace videos de las historias de Colombia, del M-19, que significa Movimiento 19 de abril y tiene una bandera azul, blanco y rojo, y de "la invasión de los gringos a Panamá", que es un país al lado de Colombia "que los gringos nos quitaron para quedarse con el Canal". A veces, nos lleva a Jero y a mí a la "sala de edición" de TV UNAM, que es un cuarto donde hay ocho televisiones chiquitas, una mesa donde hay muchos botones de colores y un señor que los va apretando cuando mi papá le dice "corta aquí", "pon esta imagen más adelante", "metamos la del avión despegando", "súbele a la música" y, así, más cosas. Ahí nos la pasamos muchas horas los sábados en la tarde, y también los viernes cuando nos recoge en el metro Miguel Ángel de Quevedo. Mi papá quiere que Jero aprenda a hacer videos, por eso lo pone a ver casets y a escribir números que no sé qué son. A mí nunca me ha preguntado si yo también quiero. Eso me pone triste porque a mí me gusta mucho aprender. Hasta puso el nombre de Jero al final de un video porque él le ayuda con los números y le da ideas. Pero el mío no lo puso, y eso que yo también lo he acompañado muchas veces. Y aunque no le doy ideas, sí pongo mucha atención y me sé algunas partes del video de Panamá de tanto que las repite el señor que aprieta los botones. Como, por ejemplo, me sé la parte en la que puso una música de un caset que tenía un triángulo y un arcoíris, que dice Pink Floyd, con i griega, que no sé qué significa esa palabra porque es en inglés. Pero sí sé *pink*, que quiere decir rosa porque ya me aprendí los colores guait, blac, yelou, blu, grin, red y perpol. Además siempre veo una caricatura que se llama *La pantera rosa*, y también sale el nombre en inglés, que es *Pink Panther*. Esa caricatura no me gusta porque la pantera no habla y eso me hace dar rabia. Pero me gusta mucho la música, igual que la del video de mi papá. Cuando suena esa parte donde él habla con su voz "ronqueta" que "heredó" de los Zabalegui me da un poquito de miedo. En las televisiones se ve a un hombre flaquito, con cara de asustado, diciéndoles algo a "los gringos que están vestidos de militares", pero no se le escucha la voz, solo la de mi papá. Aunque no entiendo casi ninguna de las palabras porque son bien difíciles, ya me sé de memoria esa parte del video. Mi papá le dice al señor de los botones "devuélvete al 12:34", que es el mismo número que Mateo 12:34 donde está un versículo que mi mamá siempre nos repite, "de la abundancia del corazón habla la boca". Eso significa que cuando sientes algo lindo dices cosas lindas, y cuando sientes cosas feas dices cosas feas. Entonces, cuando se devuelve al 12:34 sale la música y mi papá empieza a decir esto:

¿Tú has visto alguna vez la cara de los desesperados? Eso no para con nada, yo te lo digo. No hay que olvidar que un tratado es algo que se puede quemar en una plaza pública pero, en cambio, la voluntad de los pueblos no se quema, ni se apaga, ni se puede poner de rodillas. No se puede condenar a los pueblos a la humillación perpetua, eso se sabe, eso es historia y realismo. Todo lo injusto es una camisa de fuerza, y los pueblos siguen creciendo y la camisa estalla. Hay algo que muchos olvidan: un militar puede aprender a reprimir aunque no es esa la función de un militar. Puede conocer mucho sus tácticas pero hay un momento, hay un momento en que los ríos crecen. Si uno está en el monte siente el ruido del agua cuando el agua crece. ¿Tú has visto alguna vez la cara de los desesperados? Eso no se para con nada. Yo te lo digo. Tenemos ideales muy claros, y he dicho muchas veces que aún no se ha descubierto el proyectil que pueda matar un ideal.

Mientras él dice eso, el muchacho flaquito está con los gringos y luego sale la foto de un señor que él quiere mucho, que se llama general Omar Torrijos y era un héroe de Panamá. Lo malo es que a él también lo mataron. Es muy triste. Yo no entiendo por qué tienen que matar a tantas personas buenas como a los Niños Héroes, a Jesucristo y a los compañeros de mi papá. Nunca le pregunto nada de eso a él porque me imagino que le van a dar ganas de llorar, y yo no quiero que mi papi esté triste. Ah, y también ya aprendí cómo se pone en el video la foto del general Omar Torrijos encima de la cara del muchacho flaquito. Es muy fácil. El señor de los botones mueve una palanquita para abajo, despacito, y así va desapareciendo una y apareciendo la otra. Yo quisiera que me dejaran usar esa palanquita para ayudar a hacer el video, y también quisiera tener una palanquita igual porque cuando escucho esas historias tan horribles me gustaría "desaparecerme de la película", como a veces dice mi papá cuando está triste o furioso.

En ese video sale mucha gente hablando. Y hablan tan rápido que solo entiendo cuando dicen "bombas", "guerra" y "muertos". Me da miedo porque hay partes "espantosas", así dice mi mami cuando algo es muy pero muy feo. Como, por ejemplo, cuando un soldado gringo, con un apellido que empieza con la letra efe, Frigseral o algo así, le dispara en el cuello o en la cabeza a un muchacho pobre que vomita y vomita, y entonces lo suben en la parte de atrás de una camioneta para llevárselo al hospital. Me da impresión que le vayan a machucar un dedo porque ese dolor es el peor del mundo. A mí me pasó una vez y se me puso la uña morada, y nunca quiero que me vuelva a pasar. Hay otra parte que es muy triste y es donde salen unos panameños como de quince o dieciséis años, igual que Jero, vestidos con camisas blancas y corbatas negras. Están en un cementerio donde la gente llora porque los gringos mataron a muchas personas pobres. Entonces ellos entierran banderitas de Panamá y aplauden muy fuerte y cantan "la patria no se vende, la patria se defiende, la patria no se vende, la patria se defiende, la patria no se vende, la patria se defiende". Por eso yo siempre defiendo a Colombia cuando mis compañeros dicen que es un país horrible. Y luego los muchachos gritan "un solo territorio, una sola bandera, una sola bandera, un solo territorio". No sé qué significa eso. También me sé la parte en la que sale una señora pobre gritando y llorando porque le van a tumbar su casa y dice "no nada más el dinero vale, no nada más. Todos valemos porque todos somos seres humanos". Cuando veo llorar a la gente también me dan ganas llorar a mí. Y esa señora me preocupa porque se va a quedar sin casa, igual que nosotros, y eso es horrible. La otra parte que me sé, porque parece un trabalenguas que repetí y repetí hasta que me la aprendí, dice "tan criminal es el que mata como el que mira matar impunemente y no hace nada". No sé qué quiere decir "impunemente" pero suena elegante.

Mi papá puede sacar el humo y hablar al mismo tiempo, y a veces prende un cigarro con el otro que se le está acabando. Maneja, habla por teléfono, lee y hace sus videos con el cigarro en la mano o en la boca. Cuando yo era chiquita también tenía una "pipa", que es un cigarro que parece una trompa de elefante. Pero ahora ya no. *Consolaría pensar, hoy, que sus angustias se disipaban con cada bocanada. Aquellas horas y aquellos días tan llenos de todo, sin casi espacio para (la) nada, tan inciertos, tan veraces, tan genuinos iban moldeando una existencia siempre solemne, demasiado real, demasiado densa. Y aquí es inevitable preguntarse por el sentido, ese agujero negro que chupa y arrastra, que diseca los huesos y, al mismo tiempo, los vuelve indestructibles; ese contenedor de luces y sombras que ha sido el motor de la historia. ¿De dónde nace la obsesión por el sentido, esa necesidad de descifrar el origen de las cosas; de vislumbrar un camino, una trocha, una vereda? [¿Por qué mi hermano jamás se atormentó por aquella vida, y yo, en cambio, tuve que buscar de mil maneras un alivio para el peso de esa infancia tan abrumadora?]. Inconformes y rebeldes, empáticxs con el dolor de lxs más débiles, esa generación resistió como pudo y como supo, desde orillas distintas, y enfrentó la violencia política y económica de los gobernantes y las élites que no han dejado de utilizar el poder para mantener y expandir sus privilegios. ¿Qué pudieron haber hecho tan bien quienes históricamente han detentado el poder en Colombia para que hoy sea el tercer país más desigual del mundo y el primero en América Latina? ¿Insistimos en culpar, difamar y asesinar a quienes se rebelan? Nuestros padres y nuestras madres, con sus aciertos y sus errores, vivieron vidas repletas de sentido. Todxs ellxs, sin embargo, fueron botín de guerra. Una generación entera en la mira de un establecimiento permeado por la influencia de gobiernos extranjeros. Una nación presuntamente democrática que persigue y elimina el capital humano que le incomoda... [¿Qué le sucede a la mente de una persona cuando es consciente de que su vida —su muerte, en realidad— será la victoria (y la alegría) de sus hermanxs? Si el odio se atiza con cada asesinato; si son las clases más desfavorecidas quienes, por lo general, ponen lxs muertxs; si la maquinaria bélica se robustece con los recursos que, se supone, son de todxs pero que en realidad alimentan los negocios billonarios de las mismas élites, entonces, ¿a quién le interesa detener la guerra? El modelo necroeconómico trasnacional, ¿de dónde lo importamos? ¿Quiénes lo inventaron? ¿Quiénes lo sostienen? ¿Cesará algún día? ¿Para quiénes se gobierna? ¿Cuáles son las alternativas? ¿Quiénes ganan y quiénes pierden en esta historia? Estar vivxs era un milagro, y todxs ustedes lo sabían. La certeza de la muerte respirando cerca, cada día, la convicción del peligro inminente [desde la distancia que da el tiempo hoy puedo verlo] se traducía en fuerza, en la vivencia plena de un aquí y ahora tan real y tan lleno de posibilidades que no existía utopía pequeña. Cada día, el sentido se traducía en quehacer político, pedagógico, mediático, cultural, diplomático. El objetivo de la lucha siempre fue la justicia social, la igualdad de oportunidades, la dignificación de las vidas, porque todas importan. Y promover la apertura ideológica, "el derecho a pensar distinto", decía mi padre. Cuestionar el* statu quo *implicaba el diseño de acciones orientadas a resquebrajar un sistema que hundía sus raíces en un pasado colonial, católico, conservador y, por supuesto, clasista. [¿En dónde se situaban, entonces, quienes no cabían en esas categorías? ¿Qué pasa en una nación cuando el bipartidismo monopoliza el poder? ¿A través de qué medios efectivos se garantiza el acceso a la tierra, a la salud y la educación de calidad, a la soberanía alimentaria, a la participación política de las mayorías históricamente famélicas, analfabetas, excluidas y desplazadas?].*

Yo creo que hacer videos es de las cosas que más le gustan a mi papá, aunque sean tan tristes. Y poner música. No solo la que suena en las fiestas de la Casa Colombia, también la que canta cuando nos vamos de viaje en el Datsun blanco. Solo en las vacaciones veo que mi papá no está preocupado todo el tiempo. A mí también me gusta la música y bailar. Los domingos me levanto antes que todo el mundo y me pongo a ver *Chabelo*. Me gustan los concursos porque ahí cantan y bailan y dan premios, aunque la parte que no me gusta es cuando los niños tienen que competir porque a mí me preocupa tener que ganar. El programa que nunca me pierdo es *Siempre en domingo*, con Raúl Velasco, pero ese es en la tarde. Ahí salen mis grupos y mis cantantes favoritos: Flans, Timbiriche, Emmanuel, Luis Miguel, y también Lucerito y Manuel Mijares, que son novios. También a veces va Alejandra Guzmán, la hija de Enrique Guzmán y Silvia Pinal, que son dos actores. Ella es bien rockera y a mi mami le encanta la canción de "Ahí viene la plaga" porque los Leal le decían que ella era la "oveja negra de la familia", eso quiere decir que era diferente, como Alejandra Guzmán, que también es una mujer salvaje y libre. Es la única vez que mi mamá canta y hace como si tocara una guitarra, y levanta la pierna, y mueve la cabeza, igual que cuando escucha la de "Princesa tibetana", de Timbiriche. Yo creo que le gusta mucho Erik Rubín pero no se lo dice a nadie porque es muy jovencito y ella es grande. Mi mami nunca habla de esas cosas de amor porque a mí me dan muchos celos cuando descubro que tiene novio. Me da miedo que, si se enamora, ya no me vaya a querer. Ella nunca baila, solo con esas dos canciones y con "La pollera colorá", que es su favorita y es colombiana. A *Siempre en domingo* también van Ana Gabriel, Lucía Méndez, Daniela Romo y Yuri. Me sé todas sus canciones aunque hay algunas que tienen unas letras que me dan ganas de llorar, como la de "Alma en pena", que dice que a una mujer la quemaron viva por estar enamorada. Es muy triste que les hagan cosas tan horribles a las mujeres que se enamoran. O la de "Dame un beso", en la que Yuri le dice a su novio que todo el tiempo están peleando como perros y gatos. Cuando mi mamá y mi papá están juntos también pelean así. Es mejor no enamorarse. Como yo no quiero que me pase nada de eso nunca voy a tener novio ni a casarme. Aunque hay algunos niños de la escuela que me gustan, no se lo cuento a nadie. *[¿Cuánta violencia (in)consciente en la historia de la humanidad se ha ejercido en nombre del amor? Y, también, ¿cuánta felicidad compartida, cuántos proyectos impensables se han hecho realidad gracias al poder que emana de esa "fuerza irresistible"? ¿De qué forma influyeron en nuestra educación emocional esas canciones de amores atormentados, posesivos y, al mismo tiempo, apasionados? ¿Cuántos patrones hemos repetido sin saberlo, y cuántos hemos podido ir desaprendiendo con el tiempo? ¿De verdad es posible vivir en libertad y conectarnos con nuestra sabiduría interior?].*

Cuando estamos en las reuniones, mi papá mira diferente a algunas compañeras y ellas lo miran también. No sé qué palabras usar pero cuando veo sus ojos ya sé que se gustan, y eso me preocupa porque mi papá tiene una compañera, que es Guada. No es su esposa porque él dice que "el matrimonio es un invento de la Iglesia católica" y solo cree en Serancua, que es un dios que vive en la Sierra Nevada de Santa Marta, que son unas "montañas sagradas" en Colombia, al lado del mar *[el sagrado y omnipresente mar]*. También dice que "nadie es de nadie". No sé qué significa eso, y que cuando sea grande tengo que ser "una gran amante para que el hombre con el que esté no me vaya a dejar". *Habría sido hermoso que la segunda parte del consejo fuera "para que seas feliz porque cada quien es responsable de su propia (in)felicidad". Treinta y tantos años después me di cuenta de que el statu quo permeaba, también, el ámbito de lo individual y lo privado, de la intimidad y las relaciones con lxs otrxs. El aparato mediático y cultural adoctrinó nuestras mentes infantiles para que pensáramos que la única forma de amar era heteronormativa, asociada a valores cristianos y patriarcales, y que nuestro destino era conformar familias monoparentales a partir de relaciones exclusivas. No deja de sorprenderme que mi padre, aunque amparado en sus privilegios de hombre, fuera también un revolucionario en sus vínculos, con todo el dolor que para la época eso podía generar. Sin saberlo, practicaba la anarquía relacional que, visto desde esta distancia, fue para él también una forma de apostatar del capitalismo (la posesión) y de la moral cristiana (la fidelidad, la culpa), de ese modelo imposible basado en la monogamia que no conduce más que al fracaso y la frustración, salvo en muy contadas excepciones. Mi padre pagó el precio de la disidencia sexoafectiva de muchas formas. Pero todo ello nos/me mostró que ese también era un camino para amar, entendiendo que la libertad y el goce son un derecho. Pero no llegó ahí solito. Se encontró en el camino con mujeres maravillosas que lo confrontaron, le enseñaron y lo obligaron a crecer. Mi papá a la mujer que* más quiere de todas es a Guada, aunque yo creo que ella no lo quiere tanto porque, a veces, él cocina y deja todo hecho un "chiquero" o "un pinche desastre", como dice ella, eso quiere decir muy sucio y desordenado. Yo también la quiero mucho porque es muy buena conmigo y me cuida. Es una mujer libre porque antes tuvo dos esposos, uno en Nicaragua, donde hizo su "tesis sobre el sandinismo", que no sé qué es, y otro en México. Guada no va a las reuniones ni a las fiestas en la Casa Colombia. Se queda con mis hermanitos en la casa y también "preparando clase", que es algo de la universidad. *[¿Tendría ella la misma libertad emocional y psicológica? Tú siempre a la vanguardia y, en las antípodas de casi todo, el diferente, la oveja negra, el revoltoso, el inconforme, el que agitaba las aguas hasta causar tsunamis. Ya siendo adulta, tu anarquía relacional me llevó a preguntarme por el límite que hay (¿lo hay?) entre la libertad y la "promiscuidad" (no sé aún qué significa esta palabra, ¿algún rezago de la moral cristiana?), entre el amor hacia unx mismx y el que se le(s) tiene a la(s) pareja(s). ¿Hasta dónde se puede defender la autonomía en una relación?]. Conocí a muchas de las amantes de mi padre. Muy pronto fui la coartada para sus encuentros furtivos. Me leía la poesía que les escribía; hablábamos sobre el amor y las pasiones; compartía conmigo las enseñanzas que le habían dejado tantas experiencias vividas. Me dio la confianza para contárselo todo, para intentar encontrarme a mí misma. Como fue un enamorado sin remedio, me empujaba al abismo para que yo también volara. Insistía en la importancia de no perderme las delicias de la vida. Me contaba que solía entregarse a los amores fugaces como si fuera el último día de su vida y, por eso, luego sufría el desapego como si hubiera vivido una larga relación. Con el tiempo, y a medida que la enfermedad iba mermando sus fuerzas, fui descubriendo que esa ternura y sensibilidad tan suyas, tan poco patriarcales, se camuflaban en su inconfundible voz de trueno. Un hombre que parecía poder con todo en realidad podía quebrarse con un silencio. Y, luego de pasar por el desierto, siempre volvía a levantarse sin importar lo que fuera [siempre-siempre-siempre te levantabas, papi. Imposible no hacer lo mismo]. Solo hasta que murió me di cuenta [¿por qué solo hasta entonces?] de que ni la zozobra que pudo haber sentido al ser objetivo de guerra ["Los que quedan", se llamaba la lista de la inteligencia gringa donde estaba su nombre] ni el verse mermado con una enfermedad tan incapacitante agotaron su deseo. Jamás reservó el placer para después. [Cuando sea grande, quiero ser tan grande como tú]. Cuando sea grande* no quiero tener un esposo pero sí quiero tener un país y una familia. Es lo que siempre pido cuando pido un deseo.

Mi papá no escucha la música que ponen en el radio ni tampoco ve la televisión porque siempre está haciendo muchas cosas, eso ya lo dije. Va a las reuniones, escribe en su máquina, enseña en la universidad, hace videos, ayuda a la gente, habla por teléfono, y compra la comida en el súper y las frutas en la Central de Abasto. A veces prepara "espaguetis a la Zabalegui", que le quedan bien ricos porque les pone jamón, crema, pimienta y queso. De las cosas que más me gustan de estar con mi papá es ir en el coche por la noche, eso ya lo conté también, ver las luces de los edificios y de los anuncios que hay en las calles, y que ponga música mientras llegamos a las reuniones. En la carretera también cantamos todos juntos. A veces hacemos "canon" con mis hermanitos, que es un juego que aprendí en la clase de música y que les enseñé, igual que hacía mi mamá cuando era niña con su hermanito menor, que se llama el tío Jacobo. El canon se hace así: yo empiezo a cantar la primera "estrofa", o sea, el primer enunciado de la canción. Cuando termino, Saulo también canta la primera estrofa y yo la segunda. Cuando Saulo termina, Maya empieza la primera estrofa, Saulo la segunda y yo la tercera, y luego todos cantamos juntos el coro. Hay que poner mucha atención porque si nos equivocamos tenemos que empezar otra vez hasta que nos salga perfecto. Como lo hemos hecho tantas veces ya no es tan difícil y lo hacemos casi perfecto. Y si nos equivocamos no importa porque nos reímos mucho y lo hacemos otra vez hasta que nos cansamos.

Hay una canción que nos canta mi papá en la carretera, y en las noches antes de dormir, que se llama "Érase una vez el lobito bueno". Me da tristeza la parte donde dice que lo maltratan, pero lo demás es lindo, y dice así:

> Érase una vez
> un lobito bueno
> al que maltrataban
> todos los corderos.

> Y había también
> un príncipe malo
> una bruja hermosa
> y un pirata honrado.

Todas estas cosas
había una vez
cuando yo soñaba
un mundo al revés.

[En la fiesta que hicimos en honor a tu vida, a los cuatro días de tu partida, tu amigo "el Rubio" recordó que esa era la canción de cuna que lxs compañerxs del Eme les cantaban a sus hijxs. Maya, que no la escuchaba hacía más de treinta años, conectó con aquel recuerdo de infancia y acusó tu ausencia, la grande. Entonces se dio cuenta de que nunca más volvería a escucharla de tu boca].

Hay otra canción que mi papá me canta solo a mí pero me da pena porque siempre me mira y a mí no me gusta que los adultos me miren. Es colombiana y dice:

Mírame fijamente hasta cegarme
mírame con amor o con enojo
pero no dejes nunca de mirarme
porque quiero morir bajo tus ojos.

Y esos ojazos me enloquecieron
de tal manera con su mirar
que ya no puedo vivir sin ellos
y eso me obliga siempre a cantar.

Y la repite hasta que le digo que ya no la cante más.

En la Casa Colombia tocan otra música que me gusta mucho, se llama cumbia. Y en el jardín baila un grupo que se llama Estampas Colombianas, donde está Michi, que es un amigo de papá que también nació en Cartagena y estudia medicina en la UNAM porque en Colombia es muy caro ir a la universidad. A mí encanta bailar sin que me vean los adultos *[la sensación de tener siempre una mirada encima y de no poder ser yo, ¿de dónde proviene? ¿Es del presente, de otras vidas, de generaciones anteriores? ¿Es la voz de mi madre en la memoria de mi cuerpo, su Dios omnisciente y omnipresente que, al saberlo todo, todo lo vigila y todo lo reprime? ¿Será en mi cabeza ese Estado que nos perseguía y que, seguro, también nos vigilaba? ¿Todo al mismo tiempo? Yo quiero saber a qué sabe mi vida sin sentir que, a todas horas, alguien me observa]*. Cuando bailo en la escuela, mi mamá me hace los disfraces, y siempre son los más lindos porque ella es artista. Además, le encanta que me vea "como una princesa". El 15 de septiembre, que es el Día de la Independencia de México, bailamos siempre el jarabe tapatío. Un día fuimos a La Lagunilla, que es un mercado muy grande donde venden ropa de todos los estados de México, y mi mami me compró una falda rosa mexicano y un rebozo verde, como el color de las esmeraldas de Colombia, que era de una tela brillante y suavecita que me gusta acariciar. Lo malo es que cuando estaba bailando se me escurría todo el tiempo y se me estaba enredando en los pies, pero yo seguía bailando y ella me miraba, se reía y me aplaudía. También me compró muchas pulseras plateadas delgaditas y una blusa blanca estraples, como mi vestido preferido que me mandaron mis primas de Cartagena. Mi mami me peinó con trenzas y lazos de colores y, aunque me dolió mucho y grité y me puse muy brava, quedé perfecta. *[Gracias, mami, ese y todos los días que bailé, tu dedicación y tu amor me hicieron sentir hermosa].* En esas presentaciones no me importa que me vean los adultos porque bailamos todos los del salón juntos, pero cuando estoy sola con mi papá y sus compañeros me pongo roja. Como él se da cuenta me dice que me suba en sus pies, me coge las manos y, así, él baila conmigo y yo bailo con él, y entonces ya no me da tanta pena. Lo que más me gusta de esas fiestas es la música, y que mi papá sonríe cuando baila y, también, que me habla, porque casi siempre solo le escucho decir cosas como "el desayuno está servido", "súbanse al carro" o "el que encuentre mis gafas se gana un premio". Yo sé que ese premio es mentira, por eso cuando nos dice eso me da rabia, pero me quedo callada y le ayudo a buscarlas, aunque no quiera. A mi papá solo le hablo en mi cabeza porque ahí nadie puede escucharme y, entonces, me atrevo a decirle que los huevos del desayuno me dan ganas de vomitar, que el jugo de naranja me hace sentir que se me quema el estómago, que me chocan sus reuniones que son como la Eternidad y que no quiero ayudarle a buscar sus gafas porque siempre las pierde y porque es una mentira que nos va a dar un premio. También le digo que lo extraño, aunque esté con él, que quisiera que jugara conmigo, y que me pongo triste porque nunca va a recoger mis calificaciones ni a mis presentaciones de baile. *[¿Cuántos siglos de mujeres que callan me preceden? ¿Cuántos de esos silencios son míos? ¿Para qué (¿sirve?) el secreto, la ocultación?].*

Mi papá también habla con nosotros cuando nos explica que vamos a ir a la Cineteca el domingo para que Guada pueda escribir, que es algo muy importante. Yo escucho cuando ella le dice "llévate a los niños para poder trabajar en la tesis", que no sé qué significa. Y se queda todo el día sola escribiendo en su computadora nueva, que es muy cara y que se compró con sus ahorros. Cuando sea grande quiero ser "investigadora y escritora", como Guada, y tomar muchas fotos, como mi papá. También quiero ser alpinista y bióloga marina. Ah, y abogada pero de a deveras. Entonces, para que Guada pueda trabajar, algunos domingos mi papá nos lleva a Coyoacán a mis hermanos y a mí, y corremos por los caminitos de plantas que hay en ese jardín tan grande que está al frente de El Parnaso. A mí me gusta mirar la fuente de los Coyotes y me dan muchas ganas de meterme porque me encanta jugar en el agua y en las albercas. Cuando nos da hambre, mi papi nos compra elote o esquite con chile y limón, y luego un helado de chocolate o de pistaches, que son mis preferidos, aunque el otro día pedí de dos sabores que nunca había probado, el de violetas y el de pétalos de rosa, que sabían delicioso. Ese día cuando regresamos a la casa pasó algo muy malo. Aunque los adultos nunca lloran, Guada estaba llorando porque algo le había pasado a su computadora y todo lo que había escrito ese día había desaparecido, igual que desaparecen los compañeros de mi papi.

A veces mi papá habla y pelea solo. El otro día se estaba bañando con esa agua caliente caliente que saca mucho humo y, como deja la puerta abierta, lo escuché hablar bien duro. Me asusté porque no es como cuando yo juego a que hablo con el agüelo Tomi o con Rosi, mi secretaria, y le digo que me pase el cheque para firmarlo o que llame al licenciado Rodríguez. Yo hablo sola porque me imagino que alguien en el teléfono me escucha. Pero cuando oí que mi papá hablaba como si él fuera dos personas decía "¿por qué hiciste esa pendejada?", "te dije que esto no se podía, ¡jueputa!", y otras cosas que ya no me acuerdo. Él dice muchas groserías porque "los costeños son muy vulgares", eso significa que dicen muchas malas palabras que a mi mamá no le gustan. Cuando ella las escucha hace una cara como si se fuera a vomitar, y a mí me da mucha risa. El agüelo Tomi era muy bueno y si algo lo ponía furioso solo decía "¡carajo!". A mí me dan miedo las groserías porque la gente las dice cuando está furiosa y por eso grita. Cuando mi papá habla solo también me da miedo, porque en las películas las personas locas hablan cuando no hay nadie. Yo creo que él hace eso porque le gusta hablar mucho, igual que a mí. *Su mente era expansiva. Aunque no le gustaba estar solo valoraba sus momentos de soledad: la ducha, el café de la mañana, la lectura del periódico, el ritual del cigarrillo —uno tras otro—. Y hablaba consigo mismo en voz alta. Los límites de un cuerpo finito y el tiempo en que le tocó vivir no podían contener el ímpetu de su espíritu ni esa lucidez que, a veces, encandilaba. Más allá de la idealización, mi padre fue un ser de otra dimensión, venía de un tiempo más antiguo. A sus cinco años, tumbado en el jardín de su casa natal, observaba la inmensidad del cielo y las estrellas. Era de noche. Mi abuela salió a buscarle y en vez de decirle* "*no me quiero acostar todavía*" o "*cómprame el disfraz de vaquero*", le preguntó "*¿de dónde venimos?*", "*¿qué es todo eso que hay en el cielo?*", "*¿quiénes somos?*", "*¿por qué nos vemos tan pequeños?*". *Mientras escribo esta historia recuerdo una parecida, que nunca le conté porque estaba tan oculta en mi inconsciente que la había olvidado. A los nueve años me miraba fijamente al espejo tratando de identificarme con aquella cara que veía. Esa sensación de extrañeza y perplejidad no me abandona. Yo me preguntaba "¿quién soy?" y me observaba con detalle porque no lograba reconocer la imagen que se me devolvía. Sentía como si por dentro fuera una y, por fuera, otra. La de adentro era la familiar y la de afuera la desconocida. Detallaba mis ojos, la boca, la nariz tratando de entender quién era esa niña a la que, además, le decían con frecuencia que era bonita. Yo no lograba ver esa belleza quizá porque diseccionaba el reflejo buscando algo con lo que pudiera identificarme. Pero no había nada. La angustia me sobrecogía, también, porque tenía la certeza de que no había respuesta a esa pregunta. No sabía quién era. Algo similar me pasaba cuando mi madre decía que algún día viviríamos para siempre con el Señor en la "Eternidad". Aunque ya Cielito lo contó antes, recuerdo que cada vez que escuchaba esa palabra podía imaginar un espacio que nunca se terminaba. Y experimentaba un vértigo que ni siquiera hoy, con todas las palabras que he acumulado a lo largo de estos cuarenta y cinco años, podría describir: adrenalina y ráfagas de calor me alteraban el cuerpo y me daba un desasosiego que me hacía llorar. Me resultaba insoportable imaginar, con una palabra, que después del paso por esta vida terminaríamos encerradxs en un tiempo sin fin.*

Mi papá no cree en el mismo dios que mi mamá. Ya dije que el de él es indígena, como los que tenían los aztecas, que es de Colombia y se llama Serancua. Pero a lo mejor sí cree un poquito porque a veces canta una canción que dice:

Solo le pido a Dios

que el dolor no me sea indiferente

que la reseca muerte no me encuentre vacía

y sola sin haber hecho lo suficiente.

Solo le pido a Dios

que lo injusto no me sea indiferente

que no me abofeteen la otra mejilla

después que una garra me arañe esta suerte.

Solo le pido a Dios

que la guerra no me sea indiferente,

es un monstruo grande y pisa fuerte toda la pobre inocencia de
　　la gente

es un monstruo grande y pisa fuerte

toda la pobre inocencia de la genteee.

Solo le pido a Dios

que el engaño no me sea indiferente

si un traidor puede más que unos cuantos

que esos cuantos no lo olviden fácilmente.

Solo le pido a Dios

que el futuro no me sea indiferente

desahuciado está el que tiene que marchar

a vivir una cultura diferente.

Cuando canta esa parte los ojos se le ponen llorosos, como cuando yo canto en la iglesia que a veces me pasa lo mismo. Él nunca habla de Dios pero un día me dijo que le caía bien Jesucristo porque "fue un revolucionario", eso quiere decir un hombre diferente. El nombre de mi papi en hebreo significa "Dios ha sanado", eso me lo contó la maestra de la escuela dominical. Pero a él no le gusta ser cristiano porque dice que es "una religión castrante", eso significa que no te deja ser libre. Pero no lo entiendo porque mi mamá dice que es libre y es cristiana, y también que hay que orar todos los días para que mi papá "se arrepienta" porque el dios de él es "satánico", y por eso les pasan cosas malas a él y a "esos izquierdosos", que son sus compañeros. *Como resultado de un muy complejo proceso de paz, el 9 de marzo de 1990 se firmó el primer acuerdo de paz entre la guerrilla del M-19 y el gobierno de Virgilio Barco. Fue un hecho sin precedentes en la historia de Colombia y de América Latina. El M-19, fiel a sus principios antioligárquicos y antiimperialistas, propuso que el acuerdo atendiera las causas del conflicto armado y fortaleciera la soberanía nacional a través de la reforma a la ley electoral y a la justicia, la creación de una circunscripción especial para la paz y del fondo de paz que apoyaría la desmovilización, así como el acceso a programas productivos y de reinserción, entre otros. Sin duda, el mayor avance en derechos que viviría Colombia, gracias a este acuerdo, sería la conformación de una Asamblea Nacional Constituyente que permitiría actualizar la obsoleta carta magna, redactada en 1886. Por primera vez en la historia nacional un movimiento guerrillero desmovilizado legalizaba su acción política a través de la creación de un partido político, la Alianza Democrática M-19, impulsando el más plural ejercicio de construcción de ciudadanía hasta nuestros días, que fue la redacción de la nueva Constitución Política de Colombia en la que también participó. Se culminaba, entonces, una dolorosa lucha de más de veinte años que contribuyó a ampliar la visión de nuestra incipiente y sangrienta democracia, como lo había vislumbrado el comandante Jaime Bateman Cayón, fundador del M-19. Esta nueva Constitución, suscrita en 1991, decretó que Colombia era un Estado social de derecho, descentralizado, pluriétnico y multicultural, en contraste con la de 1886, cuyos principios centralistas, homogeneizantes y católicos habían consagrado el país al Sagrado Corazón de Jesús.*

Agarrado siempre a la utopía de un mundo mejor y al amor que le profesaba a Colombia, rodeado de la inmensa "cadena de afectos" que lo/nos protegía, mi padre volvió del exilio en 1990, amnistiado, a formar parte de este grupo de revolucionarios, ahora militantes de un partido político legalizado, habiendo logrado lo impensable. En su natal Cartagena de Indias, una ciudad cuyas fortificaciones coloniales construidas en piedra se reproducen en la mente de sus habitantes, fue recibido con el amor de la familia pero con el estigma de guerrillero. No sé si alguna vez entendieron lo que se había logrado. Y que mi padre había formado parte de esa transformación. Poco a poco fue afianzando su liderazgo como político ambientalista, defensor de los derechos colectivos. En el proceso fue expandiendo su fuerza mental, su lucidez. Y, en paralelo, su entereza física iba mermando. Los inicios de una enfermedad pulmonar obstructiva crónica le obligaron a renunciar al consuelo del cigarrillo. [Quisiera volver a encontrarte, aquí y ahora, sentir que esta ficción que es la muerte del cuerpo no puede tocarme ya. Si la vida pudiera pausarse, si fuera posible visitar de nuevo nuestros recuerdos compartidos escogería los viajes por carretera en México, y aquel inolvidable que hicimos a Zipolite con Jero, tomando agua de coco con vodka y escuchando "Rattle and Hum" de U2. Elegiría quedarme un ratico en "In the name of love" porque, aunque no la entendía, me conmovía, como cuando te escuchaba cantar "Solo le pido a Dios". El poder de la música, siempre omnipresente en nuestras vidas, como el mar. Escucharía otra vez con la misma atención cualquiera de las historias de tu apasionante vida, que eran mejores que mil series de Netflix. Y las volvería a grabar todas. Cantaríamos juntxs las canciones de Aute, y me volverías a contar las veces que te partieron el corazón y que lloraste "como un niño chiquito". Me reiría a carcajadas con tus chistes ocurrentes y picantes, inteligentes y sencillos, narrados con tu inconfundible voz de trueno y tu magia caribe. Te pelearía por no meterle enfoque de género al vocabulario y por los comentarios machistas que, en cualquier caso, procurabas siempre corregir cuando estabas conmigo. Luego de regañarte, de que argumentáramos y reconocieras la derrota frente a tu otro yo en versión femenina, seguiría grabándote, y volveríamos a reírnos con los mismos chistes que te hacía repetir mil veces, como el del amor matemático y de la prostatitis. Y me seguirías la corriente contándomelos otra vez, igual que siempre, como si fuera la primera. Complicidad, conexión, bacanería compartida, amor entrañable que no volveré a vivir en esta vida. Si pudiera pausar este presente y regresar un ratico a los últimos días, te pediría que volvieras a representar a El Flecha para do-

blarme de la risa y que recitaras el mito de la creación de la sabiduría kogui, y el extenso y bellísimo poema que escribiste a los veinte años sobre la llegada de los españoles al territorio ancestral que hoy es Colombia. Entre medias te sonaría el teléfono dos o tres veces y yo te pediría que no contestaras pero tú ignorarías mi solicitud y notificarías a tu interlocutor que estabas con tu hija, que luego devolverías la llamada. Continuaríamos, entonces, con nuestras disertaciones y conectaríamos de nuevo con las profundidades de la existencia. Nos haríamos todas las preguntas que sabíamos que no tienen respuesta solo por el placer de filosofar juntxs y de acercarnos un poco más al misterio de la existencia. No dudaría en regresar a tu/nuestra última Navidad, la de 2021, en la que escuchamos jazz con María Alejandra toda la tarde y nos deleitaste con tu poesía. Volvería a mis almuerzos preferidos con mote de queso, rosquitas y diabolines; al café de las mañanas con Saltinas, que devorábamos una tras otra mientras hablábamos sobre política y los inacabables desafíos familiares. Con la mayor de las dichas recibiría otra vez la sagrada llamada de los miércoles en la que solíamos explorar juntxs los temas para tu columna del sábado y las dos del jueves para que me leyeras el proceso. Te recibiría feliz las tres del viernes para enfocarnos en los detalles y en la búsqueda del título. ¿A dónde te fuiste? ¿Por qué ya no suena el teléfono tres o cuatro veces al día ni me escribes al guasap reclamando que te conteste y que te saque tiempo, a pesar de que estuve siempre presente en tu vida? ¿Por qué nadie nos prepara para aprender a aceptar lo inevitable?].

Un día me contó mi papi que cuando llegó a México casi le da un "infarto". Eso es que el corazón se para y la persona se muere. Él me dijo que fue por las preocupaciones y por el cigarrillo. Por eso tuvieron que hacerle un "cateterismo" que le dolió muchísimo. O sea que le hicieron una raja en la pierna y le metieron una manguerita que iba subiendo hasta que llegó al corazón. A mí me pone muy triste pensar que mi papá o mi mamá sienten dolor y lloran. *[Aquel último diciembre empecé a sospechar que cada café compartido, ahora sí, de verdad, iba siendo uno menos. Vivir tantos años con la zozobra de que en cualquier momento morirías se convirtió en una tortura normalizada cuyos efectos en mi mente-cuerpo aún no logro dimensionar. ¿Persisten o murieron contigo? Muy pronto dejaríamos de compartir el paisaje que veíamos a diario —el mar, las palmeras, los jardines, los pájaros que te visitaban en nuestro pequeño paraíso del Edificio Eliana—. Dejaríamos de saludarnos en las mañanas cuando me pedías que pasara frente a tu balcón para tirarme un beso y recordarme que me amabas. Igual que cuando me cantabas "Mírame fijamente", no sé por qué sentía vergüenza al recibir un amor tan expresivo. Por eso pasaba rápido y te decía que tenía prisa aunque, en el fondo, me hacía feliz que me hicieras sentir amada].* Ese su/nuestro último diciembre, le visitaba temprano, tantas veces como me lo permitía mi endiablada agenda de funcionaria pública. Compartíamos el café y grababa todas las historias que, de nuevo, le pedí que me contara sobre nuestra vida en el exilio, en nuestro México lindo y querido. Quería escribir este libro antes de que muriera, sumergirme otra vez en aquel pasado tan suyo/mío/nuestro que me parecía felizmente inagotable cuando me lo contaba. Ese pasado, aunque desgarrador en muchos aspectos, narrado desde su perspectiva, la de un revolucionario apasionado que se entregó sin medida a su lucha y que pudo ver la concreción de una utopía, logrando burlar a la tortura y al asesinato, *como no fue el caso de tantísimos compañerxs, resultaba fascinante. Necesitaba entenderlo a él para, también y ojalá algún día, lograr entenderme a mí misma [habría dado cualquier cosa por tener la posibilidad de conectarnos al árbol de Ávatar y, así, haber visto y sentido toda tu historia sin necesidad de palabras ni tiempo, y que tú también sintieras y vieras la mía, todo eso que nunca llegué a contarte. Grabé tu voz de mil formas: todas las historias que pude, algunas llamadas, diálogos cotidianos, tus chistes. Lo hice compulsivamente desde mis quince años, como si sospechara que algún día tu falta sería tan grande que necesitaría muchas prótesis para seguir caminando. Ahora que te has ido he vuelto a escucharlas]. Como buen caribe, mi padre fue un conversador exquisito: dibujaba imágenes y creaba atmósferas con palabras. Aquel diciembre quise que apagara un rato el teléfono para que nadie interrumpiera el gozo compartido, aquel momento tan único y ciertamente tan irrepetible, para que nadie disipara la magia que nos visitaba cada vez que relataba sus/mis/nuestras historias. Pero no lo hizo. Siempre estaba a disposición de lxs demás. Nunca supo vivir de otra manera.*

Cuando le hicieron eso de la pierna, mi papi me contó que una vez lo tuvieron que llevar al hospital porque el intestino grueso se le metió en el delgado o algo así, y lo tuvieron que operar. Casi se muere y era un bebecito. *En la celebración de su cumpleaños setenta, rodeado de la familia y de sus más entrañables amigxs, en esa terraza inmensa que mira al cielo y nos invita a contemplar la inmensidad de nuestro amado mar Caribe, entre música, amor entrañable e inevitables nostalgias y lágrimas hizo un pequeño balance de su vida. Aunque vivió tres años más, el avance de su enfermedad le advertía, cada día, que el desenlace de es(t)a historia estaba cerca.* ["Nací venciendo la muerte. A los seis meses de nacido en el Hospital de Manga me abrieron la barriga porque tenía una invaginación intestinal. A la anestesia, en aquel entonces, le decían éter. Imagínate lo que es que, hace sesenta y nueve años en Cartagena, a un 'pelaíto' de seis meses le pusieran éter y que se fuera la luz en medio de la operación. Eso se llama vivir de ñapa. Y aquí estoy. Pienso muchas veces en que la vida quiso que sobreviviera. Pero llegar a los setenta años en la aventura mía de vivir pisando callos, con tantos maridos bravos, con tanta cosa… Es un milagro. Yo he sido una persona que he creído y he luchado por lo que creo, sin tapujos, y siempre superando los miedos porque siempre tenemos miedos. La incertidumbre es un miedo. A veces pienso en todo esto y me pregunto '¿cómo hice para llegar hasta acá?'"]. *Quizá esa cercanía con la muerte acabando de nacer le mantuvo conectado de muchas maneras al cordón umbilical del origen cósmico. Se sobrepuso a la vida hecha incertidumbre, también a la lejanía de sus más íntimos afectos, del país que le/nos hacía/hace llorar. El desarraigo, hoy también soy capaz de ver y acariciar esta cicatriz compartida, penetraba cada poro, cada átomo de su/nuestro ser. Pero logró convertir ese dolor en pensamiento, en acción y en palabra.* [¿Alguna vez reservaste palabras de consuelo para ti mismo o solo estuvieron disponibles para la multitud de amigxs que en tus setenta y tres años de vida buscaban siempre tu consejo como si fueras un oráculo?].

Cuando mi papá se fue a México y mi mamá nos mandó a Cartagena, yo me puse muy triste y por eso no quería que nadie me diera el tetero, solo Jero. Eso ya lo conté. Luego nos fuimos los tres al D. F. a estar otra vez con mi papá, pero yo no quería que me cargara ni quería estar con él. Y tampoco le hablaba. Mi mami me contó que yo estaba brava porque él se había ido *[¿eso cuenta como "desaparecido", al menos para lxs hijxs?]* y solo nos habíamos podido despedir bien rápido en la Embajada de México. *En esos últimos desayunos compartidos me contó que cuando el avión empezó a alejarse de Bogotá y a hacerse todo pequeñito, vio también cómo su vida se encogía. No pudo evitar llorar con un amargo desconsuelo que puedo imaginarme. Dejaba atrás todo lo conocido y se enfrentaba a la mayor incertidumbre de su vida. No solo debía empezar desde cero, sin familia, amigxs, trabajo, sin dinero. Conociendo el terrorismo de Estado que se practicaba en Colombia, estaba seguro de que al llegar a su destino el gobierno mexicano lo capturaría, lo torturaría y moriría en el más cruel de los anonimatos. Sucedió todo lo contrario. Lo protegieron y ayudaron como nunca un exiliado hubiera podido imaginar. Y gracias a esa política de acogida muchísimas familias, incluidxs niñxs, nos salvamos.* Mi papá iba algunos días a visitarnos, y me llevaba regalos y me decía cosas lindas para que yo lo volviera a querer. Pero yo me escondía, hasta que un día se puso a llorar. Mi papi me contó que cuando lo vi así de triste corrí a abrazarlo y a darle muchos besitos. Y entonces dejó de llorar. Aunque mi papá no juega conmigo, fuma mucho, dice groserías, se pone bravo y a veces habla solo, yo lo quiero mucho y es el único papá que tengo. Por eso no quiero que nunca se muera. *A mediados de la década de 1990, cuando le diagnosticaron la enfermedad, sus pulmones habían empezado a implosionar. La ecografía mostraba un bellísimo paisaje que me recordaba a un archipiélago. Eran los vestigios de esa nostalgia profunda que lo destruyó por dentro y frag-*

mentó sus pulmones. Ahí empezó otra historia. Llegaron otros miedos, otras incertidumbres que no le/nos abandonarían ya más, hasta el final de sus días. Todo eso también moldeó nuestra historia compartida y, juntxs, la fuimos construyendo. Y quiero pensar que la seguimos transitando, yo de su mano, cuidando mi tiroides para no seguirme matando y él de la mía, recordándome cuánto me amó, incluso más allá de la muerte, a la que mi abuelo le llamaba "la invicta" porque nunca pierde.

Esta obra se terminó de imprimir
en el mes de enero de 2026,
en los talleres de Impresora Tauro, S.A. de C.V.
Ciudad de México.